신앙언어

현대인에게 요구되는 믿음과 해석

신앙언어

현대인에게 요구되는 믿음과 해석

초판발행 2011년 12월 1일
2쇄발행 2013년 9월 27일

지은이 서공석
발행인 유기풍
편집인 우찬제
발행처 서강대학교 출판부

서울시 마포구 백범로35 (신수동)
등록: 1978년 9월 28일 제313-2002-170호
전화: (02)705-8212 팩스 : (02)705-8612
홈페이지: www.sogang.ac.kr/~sgpress

인쇄: 한컴인쇄정보

정가 9,000원

ISBN 978-89-7273-191-7 93230

신앙언어

현대인에게 요구되는 믿음과 해석

서공석 지음

서강대학교 출판부

머리말

본서는 그리스도 신앙언어가 안고 있는 문제들을 생각해보자는 책입니다. 신약성서는 초기 신앙인들이 체험한 바를 담고 있는 문서입니다. 우리는 그 문서를 경전(經典)이라 부릅니다. 믿음의 잣대가 되는 문서라는 뜻입니다. 그리고 그 경전을 기록한 사람들이 자기들의 경전으로 생각했던 것이 구약성서입니다. 신약성서의 언어적 혹은 문화적 배경이라고도 하겠습니다. 따라서 그리스도 신앙인은 구약성서도 경전이라 부릅니다.

19세기 과학의 발달과 더불어 유럽에는 무신론적(無神論的) 사고가 지성인들에게 큰 영향을 주었습니다. 19세기에서 20세기로 넘어가는 시기에는 신앙인으로 자처하는 사람이 지성인으로 활동할 수 없었던 지역도 있었습니다. 과학은 정확한 관찰에서 시작합니다. 그러나 신(神)은 인간이 관찰할 수 있는 대상이 아닙니다. 그래서 그 시대 지성인들에게 신을 믿는 종교는 과학적 사고를 하지 못하던 미개한 시대에나 있었던 신화(神話)로 여겨졌습니다.

신학은 신과 관련 있는 문제들을 연구하는 학문입니다. 무신론적 사고를 하는 사람들에게 신학은 설 자리를 잃은 것으로 보였습니다. 그러나 과학의 발달이 신학에 피해만 준 것은 아닙니다. 사실에 대한 정확한 관찰을 바탕으로 시작하는 과학은 먼저 역사학에 영향을 주었습니다. 그 결과가 역사비평학(歷史批評學)의 등장입니다.

역사학은 과거에 대한 문서들을 연구하여 역사적으로 일어난 사실을 정확하게 알리는 학문입니다. 역사적 문서를 정확하게 관찰하였더니 그 안에는 실제 일어난 사실을 정확하게 보도하는 부분도 있지만, 그것을 기록한 시대가 지닌 문화, 곧 그 시대의 '이해의 창'으로 말미암아 발생한 언어도 함께 있었습니다. 그 시대가 지닌 '이해의 창'으로 말미암아 역사적 사실이 굴절(屈折)된 경우들도 있었습니다. 역사비평적 작업은 과거에 발생한 문서에서 그 안에 보도된 역사적 사실과 그 시대 '이해의 창'으로 말미암아 발생한 채색(彩色)과 각색(脚色)을 구별하여 알아보게 하는 일입니다.

그리스도 신앙언어도 역사적 문서들을 경전으로 가지고 있습니다. 그뿐 아니라, 과거 역사의 어느 시점에 발생한 언어들, 곧 교리, 전례, 교회의 제도 등을 가지고 있습니다. 모두가 역사비평의 대상이 되는 언어들입니다. 따라서 20세기 중반부터 신학 안에 역사비평적 방법론이 자리를 잡아가고 있습니다. 이제 신학은 그 대상이 되는 문서들을 역사비평하여, 그 문서가 보도하는 역사적 사실과 그 문서에 깃든 문화적 채색 및 각색을 구별하여 이해하고자 합니다.

과거의 어느 한 시기에 발생한 문서들을 이런 비평 작업을 거치지 않고 수용하면, 시대를 착각한 신앙인이 될 것입니다. 마리아가 처녀라는 말만 반복한다고 신앙인이 되지 않습니다. 하느님은 삼위일체이고, 삼위가 서로 높고 낮음도 없고, 먼저 계시고 후에 계심도 없다는 말만 반복 고백한다고 하느님을 믿는 신앙인이 되지 않습니다. 이런 언어들은 예수 그리스도에 대한 신앙 체험과 예수 그리스도로 말미암은 하느님에 대한 체험을 전달하는 과정에서 그 시대 문화적 여건으로 말미암아 발생하였습니다. 역사비평 작업을 거쳐서 그런 언어들 안에 들어 있는 그리스도 신앙 체험을 찾고, 오늘 우리가 지닌 '이해의 창'을 통해서 새롭게 언어화할 수 있어야 할 것입니다.

이 책은 역사비평에 대한 전문 서적이 아닙니다. 역사비평을 거쳐서 신앙언어가 오늘의 세계를 위하여 새롭게 해석되고 있다는 사실을 전하고자 하는 책입니다. 현대인이 저항감 없이 그리스도 신앙을 이해할 수 있는 오늘의 언어가 되어야 합니다. "새 포도주는 새 가죽부대에 담아야"(마르 2,22) 합니다.

오늘 그리스도 신앙언어에 흥미를 가지는 사람들은 신약성서가 대상으로 하던 팔레스티나 혹은 로마제국의 백성도 아니고, 과거의 교리언어들이 대상으로 하던, 유럽 중세의 무지한 사람들도 아닙니다. 오랜 유럽의 중세 봉건사회에서 사람들은, 사회에서는 영주(領主)에게 순종하고 교회에서는 주교와 신부들에게 순종하며 살았습니다. 그들에게 순종하는 것만이 망극한 은혜를 입고, 인간답게 또 평화롭게 살 수 있는 길이었습니다.

자기의 운명을 자기 스스로 책임지며, 모든 일을 자기

스스로 선택하여 자유롭게 사는 현대인입니다. 그들에게 믿으라고 말한다고 믿지 않습니다. 메시지가 믿을 만한 것이면, 그들이 선택하여 믿습니다. 예수님은 제자들에게 섬기는 사람이 되라고 말씀하시고 당신도 "섬기러 왔다."(마르 10,45)라고 말씀하셨습니다. 그 섬김에는 그리스도 신앙언어를 오늘의 사람들을 위해서도 '기쁜 소식'이 되게 하는 노력이 들어 있어야 합니다.

언어 세계 안에서 사는 인간입니다. 따라서 그리스도 신앙도 언어를 통해서 그 실체를 드러내고 전달됩니다. 오늘을 위해 올바른 신앙언어, 곧 '기쁜 소식'의 언어가 되게 하는 데에는 우리의 해석적 노력이 있어야 하고, 그 노력은 오늘을 살아가는 우리에게 시대적 사명이기도 합니다.

부족한 점은 나무라시고 보완해 주시기를 바랍니다.

| 차례 |

제1장

신앙언어

들어가면서

신앙은 하느님과의 연대성(連帶性)을 살겠다는 사람의 의식(意識)과 실천(實踐)을 총칭하는 단어다. 그것을 표현하고 전하는 신앙언어도 인간의 것이기에 그것을 발생시킨 인간이 처한 문화적 여건을 벗어나지 못한다. 신앙을 전달하고 각성시키는 언어도 시대적 성격을 지니며, 시대적 제한을 받는다는 말이다. 그리스도의 복음도 그것이 발생한 시대의 언어로 선포되었다. 하나의 종교가 지닌 경전(經典), 의례(儀禮) 및 공동체의 제도와 법을 총망라하여 우리는 신앙언어라고 지칭한다.

종교적 언어를 포함하여 인간의 모든 언어가 문화와

밀접한 관계 안에 있기에, 과거의 문화권에서 통용되던 그리스도 신앙언어에는 하늘과 지옥이 있고, 하느님이 창조하여 하느님 안에서 끝나는 우주가 있었다. 그런 표상(表象)들은 과거 사회에서는 당연한 것이었지만, 오늘 현대인에게는 다분히 신화적(神話的)인 것으로 보인다.

따라서 과거에 발생한 신앙언어를 해석하여 오늘의 언어로 다시 태어나게 하지 않고, 그 언어를 반복만 하면, 문화적 차이로 말미암아 그 언어가 지닌 원초의 의미를 전달하지 못한다. 요한복음서는 예수의 입을 빌려 이렇게 말한다.

> "나를 믿는 사람은 내가 하는 일들을 그도 또한 하게 될 뿐 아니라 그보다 더 큰 일들을 하게 될 것입니다. 그것은 내가 아버지께로 가기 때문입니다."(14,12)

이 구절은 예수로 말미암아 발생한 신앙언어가 민족과 문화의 차이를 넘어 많은 이들에게 전달될 것이라는 뜻으로 들린다.

성서 경전은 하느님이 하신 말씀, 혹은 예수님이 하신 말씀이라고 말한다. 그러나 경전들은 그 말씀과 행적을 녹음(錄音)하거나, 녹화(錄畫)하여 전달하듯이, 있었던 사실

그대로를 우리에게 전하는 문서가 아니다. 하느님에 대한 어떤 체험, 혹은 예수에 대한 어떤 체험이 사람들에게 있었고, 그것을 그 시대의 신앙 공동체가 언어로 표현하여 기록으로 남겨, 우리에게 전달된 것들이다. 사람은 자기가 체험한 바를 해석하면서 언어로 표현한다. 체험한 바를 자기가 속하는 문화가 제공하는 언어 체계를 참조하여 표현한다는 말이다. 해석되어 언어화된 체험만 사람들에게 전달된다. 역사 안에 발생하여 구전(口傳)된 언어는 그것이 문자로 기록될 때, 한 번 더 해석된다. 그리고 그 해석은 그 시대 문화가 제공한 언어 체계를 존중하여 이루어진다.

따라서 해석되어 언어화된 체험들은 문화적으로 채색되어 있다. 구약성서는 이스라엘이 오랜 역사 안에 하느님과의 연대성을 살면서 체험한 바를 그 시대의 문화적 체계(體系)와 제약(制約) 안에서 여러 가지 문학유형(文學類型), 곧 역사 양식, 예언 양식, 시(詩) 양식, 지혜를 전달하는 양식, 미래를 알려주는 계시록 양식 등으로 기록한 것이다. 하나의 언어 체계 안에서 해석되어 표현되었다는 것은 어떤 제약을 받고 있다는 뜻이다. 신약성서도 예수가 돌아가시고 초기교회 공동체가 예수로 말미암아 체험한 바를 다양한 형태의 문서로 기록하여 남긴 것이다. 따라서 신약성서도 예수에 대해 또 예수가 믿던 하느님에 대해 초기 신앙 공동체가 해석한 바를 기록하여 남긴 것이다.

교회의 의례(儀禮) 혹은 전례(典禮)도 신앙인들의 공동체가 만들었다. 따라서 그것도 발생할 당시의 문화적 체계와 제약이라는 조건이 붙어 있다. 오늘에 비하여 단순하고 한가하며 볼거리가 없고, 대부분의 사람들이 문맹이었던 시대의 문화를 배경으로 발생한 전례들이다. 오늘날 현대인은 복잡한 세상에서 바쁘게 살고 있다. 현대인은 통신 매체의 발달로 볼거리가 많은 가운데, 각자가 필요한 정보를 충분히 받아 취사선택하여 자기 개발을 최대한 이루며 살고 있다. 오늘날 교회의 전례가 신앙의 핵심적인 것을 신선하게 전달하여 신앙인 각자에게 깊이 있는 신앙 체험을 유발하지 못하고 과거의 관행을 형식적으로 반복하는 것이면, 현대인에게는 무의미한 허례허식으로 보일 것이다. 그리스도 신앙언어에 익숙하지 못한 사람들이 많이 참석하는 혼배(婚配) 미사와 장례(葬禮) 미사 전례는 전통적 형식에 얽매이지 말고 결혼과 죽음에 대한 그리스도적 메시지를 전달하는 간결한 의례로 거듭나야 할 것이다.

1. 신앙언어의 두 가지 원천

신앙언어는 두 개의 원천으로부터 비롯한다. 계시(啓示)에서 비롯되었다는 과거의 그리스도 신앙언어 전승(傳承)이 그 하나이고, 다른 하나는 각 시대의 인간 체험(體驗)이다. 그 두 개를 연결하는 것이 각 시대가 해야 하는 해석, 곧 "더 큰 일들"(요한 14,12)이다. 해석에는 입으로 표현하는 언어도 있고, 몸으로 하는 언어인 실천(實踐)도 있다. 인간은 태어나면서부터 끊임없이 체험하고 배우면서 산다. 그 체험들은 사람 각자에게 고유한 '인식의 망(網)'을 형성해준다. 그 망은 물론 그 시대의 문화적 특성으로 채색되어 있다. 인간은 체험한 것을 자기에게 고유한 '인식의 망'을 통해서 해석하면서 인식하고, 인식한 것을 언어화한다. 13세기 토마스 아퀴나스로부터 비롯되어 신학의 격언이 된 말, 곧 "인간은 무엇이든 수용할 때 자기 방식대로 수용한다."라는 말이 의미하는 바다. 인간 각자가 지닌 인식의 망을 통해서 수용한다는 뜻이다.

현대인에게는 그들에게 고유한 '인식의 망'이 있다. 신앙 공동체가 전달하는 과거의 신앙언어는 현대인이 공유(共有)한 '인식의 망'을 통해서 해석되어야 한다. 그것은 창조적 노력이며 또한 역사 안에 주님으로 살아 계신 하느님과의 연대성에 충실한 신앙 행위이기도 하다. 새롭게 해석되지 않고 전달된 과거의 언어는 사람들의 이해를 외면한, 독단적이고 권위주의적 독백(獨白)이 되고 말 것이다.

신앙언어도 각 시대가 지닌 '인식의 망'을 통해서 이해된다. 따라서 전달된 신앙언어를 영접한 사람도 그 시대가 제공한 '인식의 망'을 통하여 그 언어를 먼저 해석하면서 신앙인이 된다. 신앙의 원초에도 어떤 체험이 있었고, 그것에 대한 해석이 먼저 있었다. 그리고 그 해석이 언어로 정착하였다.

이스라엘 신앙의 초기에 모세는 자기가 한 체험을 그 시대가 지닌 '인식의 망'을 통해 해석하여 표현하였다. 하느님은 사람들과 함께 계시는 분이었다. "내가 너와 함께 있겠다."(탈출 3,12) 그리고 그 함께 계심이 확인되는 장소는 하느님으로 말미암아 돌보아주고 가엾이 여기는 선한 실천을 하는 사람들이다(탈출 33,18-23 참조).

예수도 그 시대가 제공한 '인식의 망'을 통해서 신앙의 언어를 발생시켰다. 그리고 그리스도 신앙 공동체는 예수로 말미암아 발생한 신앙언어들을 자기들이 지닌 '인식의 망'을 통해서 해석하고 실천하면서 새롭게 체험하고, 그 체험한 바를 새롭게 해석하여 자기들에게 고유한 새로운 언어로 정착시켰다. 예수가 하느님을 아버지로 표현한 것은 하느님은 우리 삶의 기원이고, 우리를 사랑하고 용서하는 분이며, 우리가 그분의 사랑과 용서를 배우고 살아서 비로소 주어진 생명의 의미를 살려서 사는 하느님의 자녀가 된다는 뜻이다. 가부장적(家父長的) 사회에서 아버지라는 단어에는 어머니가 자녀들을 위해 하는 역할도 당연히 포함되어 있다.

모세로 말미암아 발생한 언어가 기원이 되어 이스라엘의 오랜 역사 안에 발생한 언어들을 모아서 구약성경이라는 경전(經典)이 만들어졌다.[1] 예수로 말미암아 발생한 체험들이 비교적 짧은 기간에 언어로 정착하여 편집된 문서가 신약성서다. 경전은 신앙의 잣대가 되는 문서들을 일컫는 단어다. 역사 안에서 경전을 읽는 신앙인도 자기가 지닌 문화적 '인식의 망'을 통해 그것을 새롭게 해석하여 실천하면서 신앙인으로 산다. 따라서 신앙의 전승(傳承)은 시대적 해석의 전승이라고 말할 수 있다. 신앙인은 다른 사람들이 체험하고, 그 체험한 바를 해석하며 발생시킨 언어를 다시 해석하면서 새로운 체험을 하는 사람이다.

---

1 모세의 체험이 발생한 때는 이스라엘 백성이 이집트를 탈출하기 전, 곧 BC 1250년경이고, 페니키아에서 알파벳 문자가 발명된 시기는 BC 900년 이후이다. 따라서 모세의 체험이 글자로 정착하기 전 오랫동안 구전되었다는 사실을 알 수 있다.

신앙은 과거의 경전이 전하는 언어만을 반복하는 데 있지 않다. 신앙인은 자기 자신과 세상에 대해 이미 체험한 바를 전승된 신앙언어에 비추어 새롭게 체험한다. 원초에 하나의 교리(敎理)가 있었던 것이 아니다. 하나의 정확한 체험이 있었고, 그 체험으로 말미암은 사고와 실천을 동반하는 언어가 있었다. 그 언어는 다른 문화권을 만나면서 다른 언어들을 발생시킨다.

신앙언어가 전승된다는 것은 새로운 역사 안에서 새로운 체험들과 새로운 삶들을 발생시킨다는 말이다. 믿음은 전승된 신앙언어로 말미암아 사람이 자기 자신과 동료 인간에 대해 또 세상에 대해 새로운 체험을 하면서 체험들의 전승, 곧 신앙의 역사 안으로 편입되어 들어가는 행위다.

신약성서의 기원에 예수와 제자들의 만남이 있었다. 예수로 말미암아 제자들은 구원에 대해 새롭게 체험하였다. 그들은 그 체험을 그들이 지닌 '인식의 망', 곧 구약성서 언어와 그 시대 사람들이 공유하던 문화적 언어로 해석하며 문자로 정착시켰다. 신약성서가 담고 있는 것은 초기 신앙인들이 예수로 말미암아 체험한 바를 그들의 언어로 해석한 것이다. 그것은 메시지 형태로 기록되어 있고, 그것을 듣는 사람은 인간의 삶과 세상에 대해 새롭

게 인식하고 구원을 체험한다.[2]

2. 시대적 산물인 언어

과학적 객관성에 익숙한 현대인은 과거 신앙언어가 사용한 이원론적(二元論的) 형이상학의 언어를 수용하지 못한다. 플라톤으로부터 시작하여 20세기 초엽까지 인류 역사를 지배해온 형이상학적 사고방식은 이제 사라져가고 있다. 자연과 초자연, 현세와 내세, 육신과 영혼, 우연(偶然)과 실체(實體), 물질과 관념(觀念)을 대립시켜 이해하던 시대는 지나갔다.

하느님은 순수한 관념 혹은 정신이고, 제1원인이며, 지고(至高)하신 분이라는 플라톤 혹은 아리스토텔레스의 철학에 기반을 둔 교리언어는 현대인에게 신(神)에 대한 체험을 일으키지 못한다. 이런 형이상학적 교리언어는 2세기 플라톤 사상에 익숙한 교부(敎父)들이 그것을 수용한 후부터 그리스도 교리언어로 교회 안에 정착하였다.

그러나 20세기에 들어오면서 그 언어는 과거 한 시대

2 "예수께서는 이 책에 기록되지 않은 다른 많은 표징도 제자들 앞에서 행하셨다. 이런 일들을 기록한 것은 여러분이 예수는 그리스도요 하느님의 아들이심을 믿고, 또한 믿어서 그분 이름으로 생명을 얻게 하려는 것이다."(요한 20,30-31)

의 사고방식, 곧 그리스 철학에서 유래한 것으로 판명되었다.

2. 1. 교리(敎理)언어

계시가 있다는 것은 어떤 교리가 주어졌다는 뜻이 아니다. 우리가 계시라는 단어를 사용할 때는 여러 가지 역사적 사실들 안에 당신 스스로를 전달하시는 하느님의 자유스런 개입이 있었다는 것을 의미한다. 하느님이 개입하신 사실들은 사람들에게 구원을 체험하게 하였고, 그 체험들은 해석되어 메시지 형태의 언어로 기록되었다. 이집트 탈출과 같은 사건의 구원도 있고, 자비, 나눔, 용서의 실천과 같은 구원도 있다.

그 메시지에는 어떤 가르침, 곧 교리가 내포되어 있지만, 교리가 일차적 요소도 목적도 아니다. 메시지의 일차적 요소는 하느님으로 말미암아 발생하는 은혜로운 인간 구원의 체험이다. 교리는 기원에 있었던 체험들이 언어로 정착한 다음, 그 내용을 인간이 반성하고 숙고하여 그 시대의 합리적 언어로 정리하여 다시 표현한 것이다.

그리스도 신앙 체험의 역사가 지속되기 위해서는 그것을 전달하는 언어가 그 시대 사람들에게 이해 가능한 것이라야 한다. 성서, 교리 및 전례가 모두 전달하는 메시지를 지녔다. 그러나 그것은 오늘의 사람들이 그들에게 고유한 '인식의 망'을 통해서 은혜로운 구원의 언어로 이해할 수 있도록 새롭게 해석되어야 한다. 신앙은 이해할 수 없는 신비를 무조건 믿는 데 있지 않다. 처녀가 아이를 낳았고, 세 분인데 한 분인 하느님이고, 마리아는 하느님의 어머니라는 이해되지 않는 말을 신비라고 생각하면서 무조건 수용하는 데에 신앙이 있지 않다.

그런 언어들은 그 언어가 발생할 당시에 전달하고자 하는 의미를 지닌 교리언어들이다. 따라서 이 교리언어들이 발생한 문화적 배경에서 이해되고, 새롭게 해석될 때 의미를 지니게 된다. 이러한 교리언어는 시대가 달라지면, 그 시대가 지닌 '인식의 망'에서 새롭게 해석될 때 구원적인 것으로 이해될 것이다.

2. 2. 교리언어의 새로운 해석

앞에서 언급한 세 개의 교리언어를 우리가 지닌 '인식의 망'에서 어떻게 해석되는지를 보자.

동정녀 잉태

루카복음서는 예수의 탄생 예고(1,26-38)에서 구약성서에 있는 수태치 못하는 여인들이 수태한 이야기들을 참고하여 이야기를 전개하고 있다. 가브리엘 천사가 마리아에게 하는 인사, "은총을 입은 이여"라는 말은 사제 엘리가 사무엘의 어머니 한나에게 사무엘을 잉태할 것이라고 말하면서 한 인사다(1사무 1,17-18).

마리아가 잉태할 것이라는 천사의 말에 마리아는 이의를 제기한다. "저는 남자를 알지 못하는데 어떻게 그런 일이 있을 수 있겠습니까?"(루카 1,34) 천사는 수태하지 못하던 여인으로 알려진 엘리사벳이 잉태했다고 말하면서 "하느님께는 불가능한 일이 없습니다."(루카 1,37)라고 말한다. 이 말은 수태치 못하던 여인인 아브라함의 아내 사라가 잉태할 것이라고 알리면서 천사가 한 말이다(창세 18,14). 한나, 사라, 엘리사벳, 이 세 사람은 모두 구약성서에 나타나는, 수태치 못하는 여인들이지만, 하느님의 특별한 배려로 수태하여 구원 역사에 중요한 인물을 낳았다.

마리아를 처녀라고 말하면서 루카복음서는 이런 수태치 못하는 여인들의 이야기를 암시하여 '처녀'라는 단어의 의미를 알려 준다. 마리아도 수태치 못하는 여인이라는 뜻이다. 수태치 못하는 여인들이 수태하여 구원 역사의 중요한 인물들을 출생시켰다는 말은 구원이 인간의 생산력에서 오는 것이 아니라, 하느님의 특별한 배려로 주어진다는 것을 의미한다. 마리아도 처녀, 곧 수태치 못하는 여인이지만, 하느님의 특별한 배려로 예수라는 인물을 낳았다는 것이다. 예수로 말미암아 우리에게 주어진 구원은 하느님을 기원(起源)으로 한다는 뜻이다. 성서에서 우리가 읽어야 하는 것은 하느님으로 말미암은 신앙언어지, 한 여인에 대한 생리학적 정보가 아니다.

삼위일체

'삼위일체'라는 단어는 세 분인데 한 분이라는 수수께끼 같은 하느님이라는 것을 뜻하지 않는다. 그것은 예수와 성령도 모두 하느님을 알리는 이름들이라는 뜻으로 과거 4세기부터 교부(敎父)들이 만들어 사용하기 시작한 단어다.

우리는 예수 안에서 하느님의 생명이 어떤 것인지를 알아듣고, 그 하느님을 믿는다. 예수의 삶에서 하느님에 대해 배우고, 우리가 그 가르침을 실천할 때, 하느님의 숨결, 곧 생명이 우리 안에 살아 계신다. 예수를 통해서 하느님을 참으로 알 수 있고, 우리의 삶 안에 살아 계신 성령은 참으로 하느님의 숨결이라는 사실을 말하기 위해 초기교회 교부들이 만들어 사용하기 시작한 단어가 '삼위일체'다. 하느님은 예수 그리스도를 통해서, 또 성령 안에 우리와 밀접한 관계를 지니신다는 것을 말하는 단어다. 하느님은 세 분인데 한 분이라는 모순된 사실을 믿으라는 단어가 아니다.

하느님의 어머니 마리아

예수가 마리아에게서 태어날 때는 순수한 사람이었는데, 그분 생애의 어느 시점에 하느님의 아들이 되었다는 5세기 네스토리우스(Nestorius)의 주장을 반박하기 위해 에페소공의회(431년)가 사용한 것이 '하느님의 어머니'라는 단어다.

그 시대를 지배하던 중기 플라톤 사상으로는 출생 때부터 예수가 하느님이 아니면, 우리는 그분 안에서 참다운 하느님의 생명을 보지 못한다는 결론에 이르게 된다. 그래서 예수는 태어날 때부터 하느님의 아들이었다는 사실을 강조하기 위해 사용한 것이 '하느님의 어머니'라는 언어다. 그 언어가 지닌 뜻은 예수 안에서 우리는 참다운 하느님을 만난다는 것이다. 하느님 다르고, 예수 다르다는 뜻으로 해석될 수 있는 5세기 네스토리우스의 주장 앞에, 우리는 예수 안에서 참다운 하느님을 인식할 수 있다는 사실을 천명하기 위해 발생한 언어다. 마리아의 품위를 알리는 것이 아니라 예수로 말미암은 하느님에 대한 우리의 인식을 정의(定義)하는 명제(命題)다.

네스토리우스와 같은 주장을 하는 사람이 없는 오늘, 그 명제를 우리가 지닌 인식의 망에서 새롭게 해석하지 않고, 그대로 반복 사용하면, 하느님에게 어머니가 있다는 엉뚱하고 무의미한 뜻이 전달될 것이다.

3. 구원을 알리는 신앙언어

현대인은 메시지를 전하는 사람이 몸담고 있는 제도와 그 제도가 부여하는 권위를 보고 그 사람의 말을 수용하지 않는다. 그것은 전근대적(前近代的) 사고방식이다. 현대인은 하나의 언어가 수용할 만한 것이라고 스스로 판단할 때 그것을 수용한다. 신앙은 이 세상을 넘어서는 초월적(超越的) 체험을 하게 하는 데에 있지 않다. 신앙 체험은 인간이 하는 다른 체험들 안에서 구원으로 해석될 수 있어야 한다. 증오와 복수에 비하여 사랑과 용서가 구원이며, 인간이 사랑하고 용서할 때 참으로 자유롭다는 사실은 자명하다. 그와 같이 신앙은 인간적이며 현세적 체험들을 지닌 인간 각자가 전승된 신앙언어를 접하면서 자기의 삶과 세상에 대해 새롭게 해석하며 갖는 확신이다.

그리스도 신앙언어 전승이 전하는 메시지에는 새로운 체험을 발생시키는 교육적 제안이 내포되어 있다. 이 교육적 제안은 초현세적 체험으로 사람을 인도하지 않는다. 기적적인 것을 찾게 하고, 그것을 주는 신앙이 아니라는 말이다. 이 교육은 인간이 이미 한 체험들을 하느님과의 연대성 안에서 새롭게 해석하게 하고, 인간 존재의 새로운 의미를 탐구하게 한다. 인간은 살면서 끊임없이 배운다. 인간은 두려움과 후회와 싸우며, 의미와 사랑과 용기를 추구한다. 사람들과의 관계에서 상처(傷處)받고, 자기에게 소중한 사람들이 사라지는 상실(喪失)을 겪으며, 자기가 아끼던 것들을 잃으면서 덧없이 흘러가는 시간들을 이해하려고 노력한다. 많은 사람들은 재물, 지위, 안전한 직업 등에서 삶의 의미를 찾으려 한다. 그리고 그것이 인생의 절대적 가치인 양 그것에 애착한다.

그리스도 신앙의 메시지는 인간이 이렇게 스스로 부여하고 애착하는 인생의 의미에 새로운 이해와 깨달음을 준다. 해방적 성격을 지닌 이러한 이해와 깨달음은 하느님과의 연대성을 통해서 발생한다.

신학은 전승된 신앙언어와 그 시대 인간 '인식의 망'이 서로 교류할 수 있도록 하는 사명을 지닌 학문이다. 그 사명을 다하기 위해 신학은 경전의 언어를 발생시킨 원초의 체험과 신앙의 역사 안에 나타난 언어들의 전승을 현대인이 지닌 '인식의 망'과 연결하여 새롭게 해석한다. 그런 해석을 하지 못하면, 신학은 과거 언어만을 반복 주입하면서, 시대착오적인 신앙인을 만드는 데 기여할 것이다. 신학은 그 시대가 지닌 '인식의 망'에서도 신앙언어를 구원적인 것으로 이해하고 실천하게 하는 창조적 학문이다.

계시에 대한 올바른 이해는 과거 한 시대의 해석에 안주하여, 같은 언어만 반복하면서 순종을 강요하는 권위주의적 자세에서 발생하지 않는다. 그런 일방적 언어는 종교 집단에서 흔히 볼 수 있다. 종교 집단도 인간의 집단이기에 무지(無知)로 말미암은 횡포들은 있게 마련이다. 인간은 인간에게 항상 군림하려 한다. 그 사실을 지적하여 라틴어 격언은 '인간은 인간에게 늑대'라고 표현하였다. 권위주의적 언어는 종교라는 인간 집단의 언어일 수는 있어도, 예수 그리스도로 말미암은 구원을 전달하는 그리스도적 신앙언어일 수는 없다. 그리스도적 신앙언어의 핵심인 섬김이 외면되었기 때문이다.

나오면서

오늘 교회 안의 신앙언어는 실효성을 잃어가고 있다. 전승된 신앙언어를 현대인이 지닌 '인식의 망'에 비추어 새롭게 해석하지 않고, 그것을 반복만 하면서, 하느님을 배경으로 한 권위에 호소하는 현상에 그 원인이 있다. 오늘 '인식의 망'은 달라졌는데, 신앙 공동체들은 과거 어느 한 시기에 발생한 언어를 그대로 반복하며, 그 언어 자체를 고수하는 데만 급급하다. 그러면서 기적과 신비와 권위로 사람들의 시선을 끌어간다. 현대인이 지닌 '인식의 망'에는 과거와 같이 기적과 신비와 권위가 곧 구원이라는 등식(等式)이 없다. 그 '인식의 망'에서 중요한 자리를 차지하는 것은 인간 삶에 대한 근본적 신뢰, 타인을 위한 투신(投身), 선을 행하고 악을 거슬러 싸워야 하는 마음 등이다. 이런 것과 연결된 언어는 현대인에게 구원으로 쉽게 이해된다. 현대인의 생활 여건은 과거의 것과는 많이 다르다. 현대인에게는 수직적인 것이 퇴색하고, 수평적인 것이 중요하다. 현대인을 위한 신앙언어는 그들이 체험하는 구원에 열려 있어야 한다.

오늘의 신앙언어가 기적과 신비와 권위를 주는 것인 양 말할 때, 흔히 볼 수 있는 현상은 신앙이 마치 인간 삶에서 발생한 원리들을 하느님을 동원하여 성취하는 수단으로 제시되는 것이다. 하느님은 인과응보(因果應報)의 원리를 당신의 전능한 힘으로 성취하신다고 생각하는 것, 우리의 힘으로 이루지 못하는 사필귀정(事必歸正)을 하느님이 기적적으로 실현하시는 것같이 말하는 것 등이다. 흔히 하느님의 마음에 들면 입신양명(立身揚名)과 부귀영화(富貴榮華)를 얻을 수 있다고 말하기도 한다. 그러나 그런 언어들은 예수로 말미암아 발생한 기본 원리들, 곧 하느님 나라를 위한 원리들을 외면하고 있다. 예수는 율법을 매개로 인과응보를 주장하던 유대교 당국의 가르침에 맞서서 하느님의 자비와 용서와 사랑을 가르쳤다. 예수는 입신양명을 지향할 것이 아니라 섬김을 실천하라고 가르쳤다. 예수는 당신도 섬기는 사람이라고 말했다(루카 22,27). 부귀영화를 주는 하느님이 아니라 가난한 이들, 버려진 이들과도 함께 계시는 하느님을 예수는 가르쳤다.

예수가 가르친 기본적인 것, 곧 하느님의 나라에 대한 가르침에 손상을 주는 교회들의 복음 설교라면, 예수 그리스도로 말미암은 신앙은 없고, 예수 그리스도와 하느님을 빙자한 종교 집단이 행세하고 있을 뿐이다. 인류 역사와 더불어 종교들은 항상 있어왔고, 종교 집단들은 초자연적 힘을 빌려 인간이 소원 성취하는 길을 가르쳐왔다. 교회들은 그리스도로 말미암아 발생한 신앙언어를 현대인이 자기 '인식의 망'에서 이해하도록 새롭게 해석해야 한다. 현대 신앙인이 자기의 이기심을 극복하고 생명과 삶의 신비에 접근하여, 아버지이신 하느님을 발견하는 데 도움을 주는 오늘의 신앙언어가 되어야 한다.

인간에게 요구된 자기 극복과 생명의 신비는 예수 그리스도 안에 결정적으로 나타났다.

> "그분 말고 다른 어느 누구에게도 구원은 없습니다. 사람에게 주어진 이름 가운데 우리가 의지하여 구원받아야 할 이름은 하늘 아래 없습니다."(사도 4,12)

초기 신앙 공동체가 하는 고백이며, 베드로가 유대교 최고의회에서 증언한 내용이다. 타종교를 거부하기 위해 배타적인 뜻으로 사용하지 말아야 하는 말씀이다. 예수를 죽이면서 거부한 유대교 당국 앞에 초기 그리스도 신앙인들이 그들의 믿음을 표현한 말이다. 예수 그리스도는 역사의 어느 시기에도 우리에게 생명과 삶의 신비를 알리는 하느님의 말씀이라는 초기 공동체의 신앙고백이다.

따라서 예수 그리스도로 말미암아 발생한 그리스도 신앙언어는 현대인의 체험을 조명하면서 그들에게 전달하는 구원의 메시지를 지녀야 한다. 그 역할을 하지 못하는 신앙언어는 과거의 언어를 반복하는 독백이 되거나, 일반 종교적 염원을 담은 기복적(祈福的) 언어로 전락하고 말 것이다.

신앙언어가 현대인의 체험을 조명하고 그 체험에 전달하는 바가 있으려면, 신학이 현대인이 지닌 '인식의 망'을 이해하고 그것을 참조하여 신앙언어를 새롭게 해야 한다. 신앙의 응답을 오늘의 인간 체험 안에 나타나는 인간적 문제들과 연결해서 표현할 줄 알아야 한다. 인간은 각자 세상과 자기의 인생에 대해 어떤 의미를 부여하고, 그 의미에 응답하면서 살고 있다. 그리스도 신앙언어는 현대인이 보는 의미와 그들이 하는 응답에 해방적 성격을 부여하여 하느님으로 말미암은 구원을 보게 해야 한다. 각자가 자기 방식대로 이미 터득한 의미와 응답이 하느님으로 말미암아 새롭게 해석되어, 그들의 삶에 결정적인 가치로 살아 있게 도와야 한다. 인간이 하는 부분적 응답을 완성시키는 신앙언어가 되어야 한다.

제2장

신앙언어의 위기

들어가면서

오늘 그리스도 신앙언어가 위기를 겪고 있다는 사실은 부인할 수 없다. 신앙언어는 현대인들에게 그리스도적 기쁜 소식을 전하지 못하고 있다. 2000년 동안 이어져 온 하나의 종교 집단으로서 교회가 여러 문화와 풍상(風霜)을 겪으면서 습득한 언어와 삶의 방식들이 있다. 특히 유럽 중세 사회에서 교회는 그 사회의 기득권 집단이었다. 학문적으로, 사회적으로 또 정치적으로 교회는 유럽 중세 10세기 동안 경쟁 상대 없이 유럽 대륙을 지배하였다. 오늘도 바티칸 방송이 상징 음악으로 사용하고 있는, '그리스도 승리하고, 그리스도 다스리고, 그리스도 명령

한다.'[3]는 노래 가사가 그 시대 교회가 누렸던 영화(榮華)의 흔적과 그것에 대한 오늘의 향수를 나타낸다. 교회의 언어에는 지금도 그 시대의 유적(遺跡)들이 청산되지 않고 남아 있다. 교회 봉사 직무자들의 위계질서(位階秩序)와 신분(身分) 개념을 비롯하여 그들에 대한 중세적 존칭[4]들과 그들의 복장이 그 흔적으로 남아 있다.

16세기 개신교가 분리된 이후 가톨릭교회는 개신교가 주장하는 바를 거슬러 말하였다. 그 반개신교적 언어가 교회의 전통적 신앙언어와 같이 자리 잡기도 했다. 초기 개신교회는 그리스도와 마리아를 대립시켜놓고, 마리아를 버리고 그리스도를 택했고, 말씀과 전통을 대립시켜놓고, 전통을 버리고 말씀을 택했으며, 믿음과 공로를 대립시켜놓고, 공로를 버리고 믿음을 택했다. 그러자 가톨릭교회는 마리아에 대한 신심을 강조하고, 전통의 중요성을 말하면서 실제로는 말씀을 소홀히 하였고, 성사(聖事) 위주의 신앙생활이 되게 하였다. 성사의 사효성(事效性)[5]에 대한 가톨릭교회의 가르침이 신자들로 하여금 말

3 "Christus vincit, Christus regnat, Christus imperat." 오늘날에도 성당 성가대에서 즐겨 부르는 성가다.

4 몬시뇰 Monsignor, 각하 Excellentia, 전하 Eminentia, 성하 Sanctitas 등.

5 사효성은 인효성(人效性)에 대립되는 단어이다. 성사(聖事)는 그것을 집행하는 사람의 영적 수준에 따라 실효성을 거두는 것이 아니라, 집행하는 사람과 무관하게 성사 집행 그 자체로 실효성을 낸다는 뜻이다.

씀을 외면하고, 성사의 효과 혹은 공로에 집착하게 만들었다. 과거의 신앙언어에 길들여진 소수의 사람들을 제외하고, 오늘날 대부분의 사람들에게 그리스도 신앙언어는 기쁘지도 않고, 해방적 체험을 주지도 않는다. 오히려 양식과 판단력이 있는 사람들이 다소 불편을 느끼는 언어가 되어버렸다.

경직된 유럽 중세적 조직과 제도를 고수하는 교회는 새로운 시대를 위해 창조적 노력을 하지 못하는 비효율적인 집단이 되었다. 위계질서에 대한 교회의 집착은 교회 공동체 구성원들 간의, 자유로운 토의라는 현대적 정보교환 방식을 차단하여 효율성 없는 결정들이 이루어지게 하고 있다. 정보가 부족하여 현실을 제대로 파악하지 못한 결정권자들이 비효율적인 신앙 공동체를 만들고 있다. 위계질서의 하부 구조에 속한 사람들은 순종을 강요받은 나머지 무기력하고 창의성이 없으며, 공동체의 일을 방관하는 실효성 없는 무리가 되어가고 있다.

아직도 교회 공동체의 하부 구조인 본당들이 건재하고, 신축되는 성당들이 있으며, 새롭게 세례를 받는 사람들이 있고, 교무금과 헌금이 들어온다고 위기의식을 전혀 갖지 못한다면, 황폐화된 오늘날 유럽 교회들의 현실을 타산지석(他山之石)으로 삼지 못하는 어리석은 종교 집단이라 할 것이다.

교회들이 오늘날 사용하는 신앙언어가 기복적(祈福的)이고, 사람들을 어떤 신비와 권위로써 안정시키는 역할을 한다면, 예수 그리스도로 말미암은 신앙언어로서는 그 핵심이 훼손된 것이다. 인류가 지닌 종교적 염원들을 충족시켜 주는 언어로 전락한 것이다. 그런 언어는 먼저 현대의 지성인들과 젊은이들로부터 외면당하고 있다. 우리는 여기서 그 실태와 원인에 대해 간단히 짚어본다.

1. 언어 안에서 사는 인간

인간은 언어 안에 태어나고 그것과 더불어 살지만, 언어는 또한 시대적 산물이다. 시대적으로 채색된 인식의 망(網)을 가진 언어라는 것이다. 시대가 지나면 그 언어는 한계를 드러낸다. 대부분의 그리스도 신앙 공동체들은 아직도 그리스 철학에서 유래된 과거의 교리언어들을 그대로 사용하고 있다. 실체(實體), 위격(位格), 본성(本性) 등을 비롯한 과거의 철학에서 유입된 형이상학적 언어들을 그대로 사용한다. 그러나 그 철학은 현대인이 지닌 인식의 망을 외면하기에, 과거에 발생한 그리스도 신앙의 교리언어는 그것이 발생할 당시에 담고 있던 신앙 체험을 전달하지 못한다.

과거의 문화에서 얻은 형이상학적 언어들과 성서가 사용한 신화적(神話的) 표현들은 새롭게 해석되어야 한다. 20세기 중반부터 현대적 역사비평(歷史批評)이 보편화되면서 성서를 비롯한 신앙언어 전반에 대한 해석의 문제가 제기되었다. 이제 믿음은 과거의 신앙언어들을 반복하면서 그것을 이해하려 노력하는 데서 발생하지 않는다. 그 언어들이 담고 있는 체험에 접근하여, 오늘의 사람들을 위하여 그것을 새롭게 해석하고, 새로운 언어로 전달할 수 있어야 한다. 이 새로운 해석은 현대인이 지닌 인식의 망을 통해서 새롭게 이해되는 것이라야 한다. 새로운 해석은 오늘을 위해 새로운 실천의 길을 열어 주는 창조적인 것이다.

오늘 우리가 살고 있는 세상은 상하(上下)와 우열(優劣)의 위계 서열이 뚜렷한 수직적 사회가 아닌, 평등 사회다.[6] 인간의 실효성은 수평적으로 원활히 흐르는 정보가 보장한다. 따라서 과거의 수직적 사회에서 통용되던 권위주

6 요즘은 win, win이라고 말한다. 상대의 의견과 인격이 존중된 인간관계를 말한다. 과거의 권위주의는 I win, you lose의 인간관계다. 오늘의 사회, 특히 기업에서는 과거의 경직된 결재(決裁) 시스템을 지양하고, task force를 통하여 가장 실효성 있는 의사 결정을 하고 있다.

의는 오늘날 사회에서 그 실효성을 잃었다. 권위주의는 과거 중세 사회의 유산이지 그리스도적인 것은 아니다. 신앙의 명제(命題)들은 신앙 체험을 전달하기 위해 인간이 만든 것이다. 따라서 한 시대의 교리언어 자체가 초월성(超越性)이나 절대성(絕對性)을 지닌 것같이 주장하지 말아야 한다. 신약성서 안에 보존된 그리스도에 대한 초기 신앙 공동체의 체험을 현대인이 지닌 '인식의 망'을 통하여 전달함으로써, 사람들이 같은 체험에 참여하고 그리스도 신앙인으로 살게 해야 한다. 기복적 욕구를 충족시키는 기적과 신비와 권위에 호소하여 무늬만 그리스도인이고, 실제로는 소원 성취를 찾는 흔하디흔하고 저속한 종교인을 만들지 말아야 한다.

2. 역사 속에 살아 계신 하느님

계시는 하느님의 영원한 진리가 시간 안에 수직적으로 주어졌다는 말이 아니다. 계시가 완료된 양식으로 주어졌다는 과거의 교리도 현대인이 지닌 '인식의 망'에서는 생소하다. 하느님은 한 시대의 하느님이 아니다. 인류역사 속에 살아 계시며 그 역사 속에서 일하시는 하느님이다. 현대인에게 역사는 중요하고, 세상은 미완성으로 있으며 발전한다는 사실도 기본적 통념이 되었다. 과학적 사고를 하는 현대인은 역사의 어느 시점에 초자연적이고 외적인 개입이 있었다는 사실을 수용하지 못한다. 검증도 확인도 되지 않는 것을 계시된 진리라고 말하면, 현대인은 그 말에 동의하지 못한다. '말할 수 없는 것은 말하지 마라.'는 것이 현대의 교훈이다.

함께 계시는 하느님에 대한 체험이 모세로부터 비롯되었다. 그리고 예수는 아버지이신 하느님을 가르쳤다. 아버지와 어머니가 자녀와 함께 있으며, 자녀를 돌보아주고 사랑하고 용서하듯이, 하느님도 우리와 함께 계시기에 우리도 그 자비와 용서를 배워 실천하며 살아서 아버지의 자녀인 신앙인이 되라는 가르침이었다. 예수는 자기를 죽이는 사람들 앞에서도 그 아버지와의 유대를 잃지 않았다.

3. 교회의 조직과 제도

교회의 교리언어가 과거 한 시대의 문화로부터 받은 형이상학적 표상으로 장식되어 있듯이, 현재 교회의 조직과 제도도 과거 유럽의 제국주의(帝國主義)와 봉건주의(封建主義) 사회에서 발생하여 정착한 것이다. 교회 봉사직무자의 선택 방식이 수직적이고, 직무를 신분 혹은 품위와 관련지어 생각하는 것은 다분히 제국주의적이거나 봉건주의적 유산이다. 그리고 임기가 없는 직무 개념도 직무와 신분을 하나로 보던, 과거의 수직적 사회 문화유산이다. 직무에 임하는 사람의 실효성을 외면하고, 신분을 더 소중히 생각하던 과거의 제도와 관행이다. 오늘의 교회가 그 제도와 관행을 고집하면서 교회 구성원들의 참여는 차단되었다. 오늘과 같은 다원(多元) 사회 안에서는 수직적 관계를 절대시하는 집단의 실효성은 저하될 수밖에 없다.

수직적 조직에서는 명령과 복종이 그 조직을 움직인다. 현대 사회에서는 정보들이 수평적으로 흐른다. 조직의 구성원들이 정보를 효과적으로 활용하여, 그 조직의 목적을 달성하고 구성원들의 실효성도 높인다. 오늘의 기업들은 정보의 수평적 흐름을 원활히 하여 실효성을 높이고 있다. 그 구성원들 모두가 정보를 효과적으로 받고 각자가 다양한 능력을 활용하여 참여하며 기여하도록 조직되어 있다. 기업들은 구성원 모두가 충분히 기여함으로써 보람을 느껴야 할 뿐 아니라, 생산품의 소비자까지 만족시켜 기업에 기여하도록 한다. 이제는 제품 판매만이 아니라, 소비자를 만족시키는 마케팅이 중요한 시대다. 소비자가 제공하는 정보도 외면하지 않는 것이 기업들의 풍토다.

신앙 공동체도 교회 직무에 임하는 사람들로부터 신자들에게로 일방적으로 흐르는 신앙언어를 고수하지 말고, 공동체 구성원들이 각자가 지닌 능력과 정보로써 기여하고, 모두가 보람을 느낄 수 있도록 조직되어야 한다.

미국의 가톨릭 신자들은 이런 말을 한다. "신자는 순종하고 돈 내고 기도만 하기 위해(only to obey, to pay, and to pray) 있다."라고. 이런 공동체는 오늘의 사회에서 실효성이 없어지고 그 구성원들의 수준도 저하될 것이다. 그것은 자유롭고 창의력을 지닌 인간의 집단이 아니라, 행렬하는 오리들의 집단과 같다. 지각 있는 현대인이 교회 공동체 안에서는 창의력과 자발성을 상실하고 무기력하게 되는 이유다.

사람들이 현대 사회의 구성원으로서 가지는 사회적 공감대와 교회의 구성원으로서 교회 안에서 가지는 공감대 사이에는 큰 괴리가 있다. 교회가 아직도 고수하는 유럽 중세적 의사소통 방식과 조직의 구조가 새로워지지 않으면, 교회는 현대 사회 안에서 그리스도 신앙언어의 보존과 전파라는 본연의 사명을 다하지 못할 것이다.

교회가 신자들에게 요구하는 실천들은 과거 어느 한 시기에 실효성 있는 것들이었다. 주일미사 의무, 금육일과 금식일의 관행, 고해성사 의무, 하객들 혹은 문상객들을 외면하고 일방적으로 길게 거행되는 혼배미사와 장례미사, 쉬고 있는 신자들에 대한 냉담자 처리와 그들에 대한 대책, 혼배조당의 문제 등을 들 수 있다.

이런 것은 그 지역 주민 모두가 그리스도 신앙인이고 그들이 받은 교육 수준이 낮아서, 삶에 대한 정보가 보잘것없던 유럽 중세 사회에서 의미를 지닌 관행들이었다. 과거 그리스도 문화권에서 발생한 이런 언어와 실천들은 새로워져야 한다. 과거 교회의 언어와 관행을 모두 하느님이 주신 것으로 봉인(封印)하여 어느 시대에나 유효하다고 생각하지 말아야 한다.

4. 교도권(敎導權)

신약성서를 비롯해서 초기교회가 교회 안의 직무를 지칭하기 위해 즐겨 사용한 것은 '봉사직무(ministerium)'라는 단어였다. 그러나 16세기 개신교와의 분열 이후 교회는

'교도권(magisterium)'이라는 단어를 더 많이 사용한다. '봉사직무'가 섬기는 작은 자(mini)의 직무를 의미하는 반면, 교도권은 가르치는 권한을 가진 큰 인물(magis)의 직무를 뜻한다. 현재 신앙언어가 위기를 겪는 것은 바로 이 교도권이 일방적으로 가르치고 사목지침을 내리려 하는 데에도 그 책임이 있다. 제도 교회가 사람들을 가르치고 사목하기 위해서는, 현대 사회에서 인간 실존의 여건이 어떤 것인지를 알아야 한다. 현대인의 '인식의 망'이 그 여건에서 발생하였다. 교회는 이 '인식의 망'에서 이해되는 언어와 실천을 제시해야 한다. 교회는 역사 안에 살아가는 사람들로 구성된다. 따라서 교회의 사목은 시대적 감수성(感受性)과 염원을 읽어내어 과거의 신앙언어들을 해석해서 새로운 언어를 발생시켜야 한다.

교회 안의 기득권자들은 신앙언어가 시대의 사회적, 문화적 여건과는 무관하다고 흔히 생각한다. 신앙은 시간과 공간에 대해 보편성(普遍性)을 지니지만, 한 시대의 교회가 만들어서 사용하던 언어들, 곧 교리, 교회의 조직, 및 실천들 그 자체를 보편적인 것이라 주장하며 강요하는 것은 신앙언어의 역사성을 모르기 때문이다. 영원한 신앙이지만 신앙언어는 인간의 것이기에 시대에 따라 다른 언어로 표현된다. 영원한 신앙은 역사성을 지닌 언어로 표현되고 전달된다는 말이다. 바로 이 언어의 역사성에 대한 몰이해가 오늘 교회 기득권자들의 말을 여러 차원에서 독백(獨白)으로 만들고 있다.

이런 잘못된 확신이 오늘의 신앙언어가 겪는 위기의 원인이다. 교회가 사용하는 언어 안에 나타나는 논리(論理), 표상(表象), 신화(神話), 개념(槪念) 등은 모두 과거 어느 한 시대 사회에서 통용되던 것들이다. 그런 언어들과 그리스도 신앙을 혼동하여 그 언어들만이 그리스도 신앙이라고 확신하는 사람들이 있다.

시대를 착각하여 신앙언어를 사용하면, 사람들은 인류 역사 안에 항상 있는 종교 현상에서 그 의미를 찾을 것이다. 결국 신앙 공동체는 내세(來世)와 현세를 위한 소원 성취를 찾는 집단이 되고, 하느님을 후광으로 한 하나의 권력 집단이 되고 말 것이다.

5. 고해성사[7]

개인 고백을 수반하는 현행 고해성사는 1215년 제4차 라테라노공의회가 규정한 것이다. 모든 신자는 자기 본

7 서공석, 『새로워져야 합니다』, 분도출판사(1999), 143-172쪽 참조.

당 신부에게 1년에 한 번은 의무적으로 죄를 고백하고, 하느님의 용서를 선포받으라는 것이었다. 이 규정은 당시 필요했던 실천들을 규정하는 71개 항목들 가운데 하나다. 그 71개 항목들 중 다른 모든 항목은 오늘날 필요없는 것이 되었지만, 고해성사에 관한 규정만은 오늘날까지 실천되고 있는 유일한 항목이다.

16세기 종교개혁이 일어나자 가톨릭교회가 그 여파를 수습하는 과정에 개최한 트리엔트공의회(1545-63)는 제4차 라테라노공의회가 규정한 고해성사를 예수님이 세우신 일곱 성사 중 하나라고 선포하였다. 이제 개인 고백을 수반하는 고해성사는 예수님이 마련해 주신 성사가 되어버렸다. 트리엔트공의회는 이 문제에 대한 신학적 반성을 전혀 하지 않았다. 그리고 당시는 역사비평적 감수성도 없는 시대였다. 예수가 세운 성사라는 말은 예수의 복음 선포가 기원이 되어 발생한 성사라는 뜻이다. 개신교회들이 성사들을 폐기하자, 공의회 교부들은 성사들의 기원이 예수 안에 있다는 사실을 선포하는 데에만 급급하였다. 그리고 완벽한 수(數)라고 인식되던 일곱이라는 수를 만들기 위해 세례와 견진을 분리하여 두 성사로 만들기까지 하였다.

하느님이 용서하신다는 사실을 믿지 못하고, 엄청난

보속으로만 죄가 용서된다고 믿던 신자들에게, 하느님이 용서하신다는 사실을 선포하기 위해 발생한 것이 13세기의 개인 고백 고해성사 의무였다. 고해성사에서 보속을 주는 것은 죄를 용서받기 위해 그 시대에 흔히 행해지던 엄청난 보속을 하지 말라는 뜻이었다. 그러나 지금은 그것을 통하지 않으면, 하느님이 용서하지 않는다는 메시지를 발생시키는 성사가 되었다. 요즘은 모든 사람이 스스로 넘치는 정보를 받고, 스스로 판단하고 선택하면서 살아간다. 높은 사람 앞에 가서 무릎을 꿇고 통촉하심을 빌고 그의 지시를 받아 사는 세상이 아니다.

요한복음서는 예수가 제자들에게 복음 선포를 명하면서 다음과 같이 말씀하셨다고 알린다.

> "성령을 받으시오. 여러분이 누구의 죄든지 용서해 주면 그들은 용서받을 것이요, 여러분이 누구의 죄든지 그대로 두면 그대로 남아 있을 것입니다."
>
> (20,22-23)[8]

복음을 선포하는 것은 곧 하느님의 자비와 용서를 선

8 "여러분이 누구의 죄든지 그대로 두면 그대로 남아 있을 것입니다."라는 말씀은 죄의 용서가 제자들의 임의에 맡겨졌다는 뜻이 아니다. 한 번 긍정적으로 말하고 그것을 부정으로 다시 한 번 더 말하며 강조하는 유대인들의 화법(話法)이다.

포하는 것이라는 말씀이다. 이것이 바로 성령이 우리 안에 이루시는 일이며, 초기 신앙인들이 발생시킨 교회의 모습이기도 하다. 예수 그리스도의 복음이 선포되는 교회, 성령이 살아 계시는 교회이기 위해서는 죄를 용서하시는 아버지이신 하느님을 선포하는 교회가 되어야 한다. 제4차 라테라노공의회와 트리엔트공의회의 정신을 계승하는 교회라면, 오늘의 신앙인들이 하느님이 용서하신다는 사실을 체험할 수 있는 새로운 양식들, 예컨대, 개인 고백 없는 공동 참회 전례와 같은 것을 만들어 실천해야 한다.

6. 새롭게 해석되어야 하는 신앙언어

과거 한 사회를 지배하던 철학과 그 관념들로 만들어진 교리와 복음 선포의 언어는 항상 새로워져야 한다. 신앙언어들이 발생한 과거의 문화적 여건을 평가하여 그 시대의 '인식의 망'을 통해 표현된 신앙언어가 전달하고자 하는 체험이 무엇인지를 찾아야 한다. 그 체험을 외면하고, 그 언어만을 반복하는 우를 범하지 말아야 한다.

제도 교회가 만들어 내는 신앙의 표현들은 그 시기의

사회에 통용되던 개념들을 사용하여 신앙의 언어를 체계화한다. 이 체계화는 그 시대 사회를 지배하는 언어로 신앙언어를 새롭게 표현하는 것이 되어야 한다. 과거 새로운 신앙언어가 탄생한 예들을 보자. 예수 그리스도 안에서 우리가 인식하는 하느님은 실제 하느님과 다를 수 있다는 주장 앞에, 니케아공의회(325년)는 "하느님 아버지와 그 아들인 예수 그리스도는 실체적으로 동일하다."라는 새로운 언어를 만들었다. 여기서 실체(實體)라는 단어는 사물 안에 있는 인식의 원리를 의미한다. 예수 안에서 우리가 인식하는 하느님은 실제 하느님이라는 말이다.

성령은 우리에게 주어진 것이니까 피조물이라는 주장 앞에 콘스탄티노플공의회(381년)는 "성령도 아버지와 아들과 함께 흠숭 받으신다."라고 표현했다. 예수가 마리아에게서 출생할 때는 하나의 인간이었지만, 그 생애 어느 시기에 하느님의 아들로 입양되었다는 주장을 반박하고, 예수 안에 참다운 하느님을 볼 수 있다는 사실을 긍정하기 위해 에페소공의회(431년)는 "마리아는 하느님의 어머니"라는 언어를 만들었다.

신앙은 특정 사회의 특정 문화와 필수적으로 관련되어 있지 않다. 신앙의 진리는 성서와 교부(敎父)들의 저서에서만 얻어지는 것이 아니다. 과거의 신앙언어들은 현대인을 위해서는 현대적 언어로 새롭게 해석되어야 한다. 그러나 아직 많은 사람들은 교회가 사용하는 언어의 권위는 성서와 교부들의 것과 동일한 데서 나온다고 착각하고 있다.

오늘 우리 사회는 권위와 순종을 기본으로 조직되어 있지 않다. 우리는 오늘 단일성과 불가시적(不可視的)인 것을 정점(頂點)에 두고 복합적이고 가시적인 것을 하위에 둔 그리스 철학적 범주 체계를 빌려서 사고하지 않는다. 현대인은 평등을 기본으로 하고 자유를 존중하며 공동체와 사회를 위한 자유로운 기여를 보람으로 생각하는 공감대 속에서 살고 있다. 과학적 감수성을 지닌 현대인은 관찰할 수 있는 것을 소중히 생각한다. 역사학에서도 관찰하고 고증(考證)할 수 있는 역사의 확실한 과정(過程)을 찾는다. 현대인은 다원성(多元性)을 존중하고 섬김과 봉사를 인류애의 지고한 형태라고 공감한다. 현대인의 이런 '인식의 망'을 존중하면서 신앙언어를 새롭게 찾아야 한다.

현대 사회는 과거 유럽 중세 사회의 이념과 언어를 탈피하였다. 그 사회를 지배하던 언어는 하느님의 뜻과 하느님의 섭리였다. 높은 사람들은 특정 지역의 특정 역할을 위해 대리자를 두고 있었다. 따라서 하느님의 대리자라는 말도 당연한 것으로 통용되었다. 인간과 인류의 미래는 초자연 안에 있다고 모두가 공감하던 시대였다. 인간은 태어나면서부터 교회와 밀접한 관계 안에 살고 있었다. 태어나면 세례를 당연히 받아야 하고, 죽으면 교회 공동묘지에 묻히는 시기였다. 그런 사회 안에서 통용되던 언어를 새롭게 해석하지 않고, 오늘의 신앙인들에게 사용할 수는 없다.

7. 세상에 귀를 기울여야 하는 교회

제도(制度) 교회는 전래(傳來)된 신앙언어와 새로운 시대의 감수성 사이를 조정(調整)하여 새로운 언어를 만든다. 과거에 통용되던 언어와 새로운 시대의 감수성 사이에는 여러 형태의 마찰이 있게 마련이다. 교회도 인간의 집단이기에 제도 자체가 지닌 역기능으로 나타나는 마찰이 있다. 인간은 구실만 있으면 다른 사람 앞에서 자기의 우월성을 과시하고 횡포를 부린다. 교회 안의 기득권층이 된 사람들은 복음이 말하는 섬김이 무엇인지 끊임없이 반성하고, 과거의 군림하는 언어만 고집할 것이 아니라, 그 시대의 감수성에 맞게 그 섬김을 새롭게 표현하고 실천해야 한다.

현대 사회에서 모든 이들은 신속하게 다양한 정보를 얻어 공유하고 있다. 많은 비밀을 간직하고 강압적으로 군림하는 권위주의는 설 땅을 잃었다. 과거 무식한 일반 대중을 유식한 성직자들이 대하던 관행이 교회 안에 아직도 남아 있어서, 일부 교직자들은 신자들을 미성년자 대하듯이 하고 있다. 이런 현상에 대한 절망감으로 지식인들과 젊은이를 비롯한 일부 신앙인들이 교회를 외면한다.

인간이 하느님에게 접근하는 양식, 역사 안에 하느님이 개입하시는 양식, 교회의 선교 사명 등에 대한 언어들은 교회가 살고 있는 그 사회가 지닌 '인식의 망'에서 이해되는 것이라야 한다. 교회가 그 사회에서 외면당한다면, 신앙언어의 시대적 체계화와 조정이라는 자기 역할을 제대로 하고 있지 못한 것이다. 현재 교회의 교리와 복음 선포 언어가 겪고 있는 위기는 교회가 그 사회에서 일탈(逸脫)해버린 데서 오는 증세(症勢)로 보인다.

세상을 외면하면 할수록 하느님에게 가까이 있는 것이 아니다. 인간이 없는 하느님을 상상하지 말아야 한다. 그리고 그 인간은 역사 안에 살고 있다. 어떤 이유에서라도 인간과 세상을 외면한 생활 형태는 인간으로 하여금 사람 노릇 못하게 만든다는 사실을 우리는 종교집단들 안에서 볼 수 있다. 인간 노릇을 못하면 못할수록 하느님과 가까워지는 것이 아니다.

나오면서

그리스도 신앙언어는 하늘에서 주어지지 않았다. 예수 그리스도 안에 또 신앙언어의 전승 안에서 우리가 읽을 수 있는 신앙의 응답은 현대 인간이 지닌 '인식의 망'에서도 구원으로 이해되는 것이라야 한다. 그 언어는 인간으로서 각자가 이미 터득한 인생의 의미를 더 일관성 있게, 또 더 풍요롭게 이해하게 하는 것이라야 한다. 이론적이 아니라, 실천적 삶의 영역에서 이해되어야 한다. 믿음은 이론이 아니라, 실천을 동반하는 해석이고 체험이다.

신앙의 이름으로 현세적 문화를 거부하는 것은 과거의 언어에 머물겠다는 근본주의적(根本主義的) 발상이다. 과거의 신학이 그 시대 문화가 제공하는 '인식의 망'을 통해서 사고했듯이, 오늘의 신학은 인간에 대한 오늘의 모든 연구에 참여하도록 노력한다. 현세적 문화가 창출하는 다양한 인간적 계획과 업적들에 대해 주의를 기울여서 오늘의 신앙언어가 현대인이 지닌 '인식의 망'에서도 기쁜 소식이 되게 해야 한다. 그리스도 신앙이 말하는 구원은 인류 역사 안에 나타난 여러 형태의 인간 해방 운동의 어느 것과도 동일하지 않지만, 그 해방 운동들과 밀접한 관계 안에 있다는 사실도 잊지 말아야 한다.

현재 교회가 겪고 있는 위기는 교회 언어의 성역화(聖域化)에서 온다. 그리스도인의 사회적 실존에 대한 표현들은 현대인에게 통용되지 않는 것들이다. 가령 성당들에서 흔히 볼 수 있는 표어 "모이면 기도하고 흩어지면 선교하자."라는 말이 있다. 모여서는 말하지 말고 기도나 하고, 나가서는 교회의 교세 확장을 위해 각자 매진하라는 말이다.

제도 교회는 신자들로부터 아무것도 듣지 않겠다는 말로도 들린다. 구성원들 모두가 자유롭게 기여할 수 있는 교회라야 한다. 제도 교회가 사회를 보는 눈은 아직도 유럽 중세적이다. 교회 안에서는 순종이 가장 중요한 그리스도적 덕목인 양 제시된 나머지, 그리스도 신앙의 메시지가 인간 각자에게 요구하는 자유롭고 다양한 응답과, 공동체를 위한 기여라는 풍요로움은 사라지고, 지극히 따분한 신앙 공동체를 만들고 있다. 성서는 인간에게가 아니라 하느님의 뜻에 순종하라고 말한다. 예수는 섬기는 사람이 되라고 제자들에게 간곡히 말씀하셨다.

"여러분도 알다시피 백성들을 다스린다는 사람들은 엄하게 지배하고 그 높은 사람들은 백성들을 억압합니다. 그러나 여러분 사이에서는 그럴 수 없습니다. 오히려 여러분 가운데서 크게 되고자 하는 사람은 여러분을 섬기는 사람이 되어야 합니다. 또한 여러분 가운데서 첫째가 되고자 하는 사람은 모든 이의 종이 되어야 합니다. 사실 인자도 섬김을 받으러 온 것이 아니라 오히려 섬기고 또한 많은 사람들을 대신해서 속전으로 자기 목숨을 내주러 왔습니다."(마르 10,42-45)

순종을 그리스도 신앙의 핵심이고 전통적인 것이라고 착각하는 사람들은 유럽 중세적 '인식의 망'에 갇혀 있는 것이다. 유럽 중세에서 삶의 지혜였던 것을 그리스도 신앙의 핵심적인 덕목이라고 착각하는 것이다. 그런 시대착오적 자세가 교회 안에 우민정책(愚民政策)을 장려하고 있다.

20세기 후반부터 유럽에서 대중이 교회를 외면하고 많은 신앙인들이 교회를 이탈한 것은 인간 자유에 대한 인식이 보편화되면서 일어난 현상이다. 오늘의 그리스도 신앙언어가 과거 유럽 중세 사회를 지배하던 이념을 아직도 지속하고 있기에 현대 그리스도 교회의 교리와 복음 선포가 위기를 겪고 있다. 교회의 언어가 현대인에게는 생소한 것이 되고 신앙 체험보다는 유럽 중세적 삶의 지혜로 사람을 인도하고 있다. 그리스도 신앙언어의 미래가 교회의 미래다.

제3장

현대 사회와 신앙

들어가면서

우리의 신앙언어, 곧 교리, 전례 및 신심행위 등은 오늘을 살아가는 우리 현대인의 일상적 체험과는 어떤 괴리(乖離)가 있다. 유럽 중세 사회와 같이 종교가 사회의 기본을 이루지 못하는 오늘의 세상에 이 괴리는 당연한 것으로 보인다. 이런 상황에서 두 가지 자세가 나타난다. 종교를 순수 개인적이고, 영적인 영역의 것으로 생각하는 자세와 종교를 윤리적 각성 혹은 사회 비판적 역할에 국한하려는 자세다. 이 두 번째의 자세에는 현대 세계에서 종교의 사회적 영향력을 찾아 높이려는 의도가 숨겨져 있다. 신의 이름으로 정치 문제와 사회 문제에 개입하려는 독선이 엿보인다. 과거 유럽 중세 사회에서 교회가 누렸던 영향력에 대한 향수가 알게 모르게 작용하고 있다. 그러나 오늘과 같은 다원(多元) 사회 안에서 종교가 그런 향수를 갖는 것은 시대착오적인 일이다.

현대 사회는 종교들의 제도적 측면은 비판하지만, 인간 실존의 종교적 차원을 부정하지는 않는다. 콕스(Harvey Cox)[9]는 오히려 현대 사회 속에서 종교의 역할이 더 커지고 있다고 증언한다. 중국 종교 사상에 대한 현대인의 관심이나 라즈니쉬(Osho Rajneesh) 혹은 크리슈나무르티(Krishnamurti) 같은 저자들에 대한 현대 젊은이들의 관심이 의미하는 바다. 유럽과 미국에서 선(禪)불교도 상당한 성공을 거두고 있다. 티베트의 달라이 라마가 연설하는 곳에는 지금도 유럽이나 미국의 많은 청중이 모인다.

종교가 지닌 교의(教義)와 제도도 종교의 본질적인 면이다. 그러나 그것들은 한 시대의 언어로 표현되었다는 사실을 잊지 말아야 한다. 그 사실을 부인하는 사람을 우리는 근본주의자(根本主義者)라 부른다. 현대 세계에서 종교의 교의와 제도가 외면당한다면, 그것을 포장한 시대적 언어에 문제가 있는 것이다.

---

9 「현대사회로 돌아온 종교」, 이종윤 옮김, 한국신학연구소(1985).

1. 현대인의 종교적 여건

현대인은 과학기술 문명의 세계에서 살고 있다. 인간은 과학기술 문명의 혜택을 받기도 하지만, 그것으로 말미암은 어떤 소외(疎外)를 체험하며 산다. 19세기 과학기술 문명이 호언장담했던 발전은 오늘날 이루어지지 않았다. 인류는 환경, 생명, 인종차별, 빈부 격차, 인권 등의 문제가 과학과 기술로써만 해결되지 않는다는 사실을 알게 되었다.

현대인은 행복과 불행에 대한 체험을 종교적으로 해석하려 하지 않는다. 그러나 종교는 이런 상황에서도 그 사회의 어떤 중요한 원리로 있을 수 있다는 사실을 외면하지 말아야 한다. 물론 그것은 종교가 현대인을 위해 스스로를 효율성 있게 실현할 때 가능한 일이다. 그 실현은 과거와는 전혀 다른 형태로 이루어져야 한다. 과거 중세 유럽 사회에서 그리스도 신앙 공동체가 하는 행사는 그 마을의 축제였다. 그러나 오늘과 같은 다원 사회에서 그것은 교통 혼잡을 빚는 이상한 행사가 되고 말 것이다. 군주와 신분제도가 없어진 오늘과 같은 평등 사회에서 과거 신분 사회의 잔재를 청산하지 못하고, 그것을 신의 뜻으로 포장하며 고집하는 일은 없어져야 한다.

종교가 과거의 방식을 복귀시켜 사회 통합을 위한 힘이 되고자 해도 과거와 같은 양식으로 되지는 않는다. 과거 유럽 중세 사회는 그 사회의 기본적 가치들을 확립하기 위해, 또 사회 조직을 정당화하기 위해 종교적 언어가 필요하였다. 4세기에 기울기 시작한 로마제국이 그리스도교를 국교(國敎)로 선포한 것은 그 사회를 통합 유지하기 위한 새로운 이념이 필요하였기 때문이다. 유럽 중세 사회가 그리스도교적이었던 것은 그 사회의 윤리와 제도가 그리스도 신앙을 바탕으로 이루어졌기 때문이다. 그러나 오늘의 사정은 다르다. 현대인은 과학적이고 자율적이다. 현대인에게는 종교를 개입시키지 않고도 가능한 체험 영역이 있고, 또한 인간으로서 해야 하는 결정들이 있다. 현대인은 하느님이 계시지 않는 듯이 산다. 그리고 그것은 우리가 개탄할 불행이 아니다.

과학화된 세상에서 사는 현대인은 종교적인 것에 압도되어, 수동적(受動的)으로 그것을 체험하지 않는다. 아직도 그런 체험에 대해 향수를 버리지 못한 현상들은 있다. 아무 데서나 기적을 보려는 사람들이 있고, 신앙을 어떤 무아경(無我境)의 체험과 혼동하는 사람들도 있다. 그리고 복장(服裝)이나 행동으로 종교적 신분이나 실천을 과시하는 사람들도 있다. 종교적 결단은 개인적인 것이며, 인간이 이미 한 다른 체험들을 가지고 하는 반성적(反省的) 응답이다. 종교는 반성적 사고의 영역에 있다. 종교는, 인간이 반성적 사고로 자기의 삶 한가운데에서 내리는 결단과 관련되어 있다. 현대인은 자기의 체험들을 생각할 때, 어떤 특정 종교의 언어를 사용하지 않고도 쉽게 종교적으로 해석한다.

2. 다양한 선택 앞에 선 인간

현대인은 어떤 공백(空白)을 살고 있다고 말할 수 있다.[10] 현대 사회에서 사람을 움직이는 것은 이념도 아니고, 제도도 아니다. 그것은 각자의 마음이다. 소비사회를 움직이는 것은 마음에 든다는 원칙이다. 현대인은 다양한 선택을 하면서 산다. 텔레비전의 채널, 슈퍼마켓, 뷔페식당, 관광여행 안내, 인터넷 등이 모두 현대인에게 선택을 요구하고 있다. 현대인에게는 절대적인 것으로 군림하는 것이 없다. 과거와 같이, 인간이 몸담고 살아야 하는 경직된, 물질적 사회적 환경도 없다. 개인 각자가 중요하고, 개인의 편안함, 자유, 기호(嗜好), 이해(利害) 등이 중요

10 Gilles Lipovetsky, *L'ère du vide*, Gallimard(1983).

하다. 가정과 직장 등 조직의 경직성과 획일성이 없어지고 유연성(柔軟性)과 다양성(多樣性)이 자리 잡아 가고 있다. 조직의 구성원들 사이에 자유로운 의사소통은 그 조직의 실효성을 높이고, 구성원들이 인간답게 사는 데 필수적인 것이 되었다. 노동도 개인화되었다. 통신 설비의 발전으로 출근 시간이 없는 직장, 재택(在宅) 노동, 통신 판매 등이 경직성이 없는 개인 위주의 자율적 질서를 조장하고 있다.

신(神)은 보이지 않고, 인간의 목적성은 실종되었다. 현대 사회에는 신이 있을 자리가 없다. 그리고 그 사실을 아무도 개탄하지 않는다. 사람들은 주말을 위해 일주일을 살고, 휴가를 위해 1년을 산다. 지식, 노동, 가정, 교회 등은 인간을 움직이는 절대적 원리가 되지 못한다. 무관심이 일반화되고 존재에 대한 형이상학적 고민이 없어졌다. 현재 내가 보기에 좋고, 내 마음에 들면, 그것으로 충분하다. 의미를 꼭 물어야 할 이유를 현대인은 모른다. 가르치는 사람의 권위나 그에 대한 존경도 사라졌다. 선생의 가르침은 통신 매체가 전하는 정보와 같은 수준의 가치를 지닌다. 젊은이들은 쉽게 감동하고 열광한다. 젊은이들의 우상으로 통하는 이들이 나타났을 때 연출되는 현상이 그 사실을 보여준다.

사람들은 정치에 무관심해지고 있다. 투표율도 하락하고 선거 운동에 대한 관심은 운동 경기에 대한 관심과 비슷하다. 선거 운동도 점점 흥행적 성격을 띤다. 사람들이 대중 매체에 대해 가지는 관심도 그것이 제공하는 오락성에 좌우된다. 현대 사회에는 우선하는 것이 없고, 모든 것이 같은 수준에 있다. 각자가 받는 자극이 중요하고, 각자 마음대로 하는 선택이 모든 것을 결정한다고 생각한다.

현대인에게 자유는 짐스러운 것이 되었다. 이런 이유에서 현대인은 어느 시대보다도 인간 실존의 덧없음을 잘 알고 있다. 현대인은 지진(地震)과 해일(海溢), 핵(核), 공해(公害) 등의 위협을 잘 알고 있다. 현대인이 경험하는 위협은 민족이나 국경을 초월한다. 그리고 그것을 종교적으로 해석하려는 사람은 없다. 따라서 현대 사회에서 많은 사람이 신앙을 버리거나 외면한다.

이런 경험들은 현대인에게 어떤 결단을 요구한다. 머리로 내리는 결단이 아니다. 체험을 해석하고 거기에 종교적 의미를 부여하면서 내리는 결단이다. 이 결단은 현대인에게 어렵다.

3. 현대인의 감수성

과거에는 인과율(因果律)로써 사물을 인식했다. 보이는 사물 뒤에 보이지 않는 실체(實體)가 있다고 생각했다. 세상만물이 있는 것을 보면서 그것을 창조한 신(神)이 있다는 사실을 생각했다. 그리고 인간은 영혼과 양심으로 이해되었다. 인간 행위의 실효성이나 사회적 영향을 보지 않고, 행위자의 신분과 의도를 먼저 생각하였다. 하나의 존재가 만드는 역사가 중요하지 않고, 그 존재의 기원이 더 중요하게 보였다. 따라서 성인(聖人)들의 전기(傳記)를 보면 그는 태어나면서부터 성인이다. 그리스도론은 예수의 삶을 역사적으로 고찰하기보다는 '말씀이 사람이 되셨다'는 기원의 원리로 그분의 행적을 설명하려 하였다. 이것은 이원론적(二元論的) 사고방식이다. 보이는 것, 곧 물질, 육신, 세상, 자연, 활동, 다양함 등을 보이지 않는 것, 곧 정신, 영혼, 하느님, 초자연, 관상(觀想), 불변하는 것 등으로 극복하려는 사고방식이다.

이와 같은 과거의 사고방식에서는 인간 상호간의 차이가 다양함으로 인식되지 않고, 극복해야 하는 대상이었다. 제국주의, 식민주의, 인종차별, 남녀 차별, 계급 차별 등이 모두 그런 사고에서 발생했다. 그것은 차이를 말살

하는 폭력의 문화라고 말하겠다. 흑인은 백인에 준해서, 어린이는 어른에 준해서, 여자는 남자에 준해서 평가되던 문화였다. 정복과 폭력의 언어는 그리스도 신앙언어 속에도 잠입했다. '왕이신 그리스도', '부활의 승리', '그리스도의 깃발로 정복한다', '우리는 그리스도의 군사다' 등의 언어이다.

현대 원자(原子) 물리학은 양자(陽子), 전자(電子), 중간자(中間子), 광자(光子), 중성자(中性子) 등이 무엇인지를 논하지 않고, 그것들이 어떤 조작으로 핵분열이 발생하는지만 연구한다. 현대 과학은 양자가 있다는 것은 알지만, 그것의 실체를 규명하지 않고, 실험을 통하여 그것이 타 분자와 가지는 관계에 대해서만 관심을 가진다. 오늘 다른 학문들도 관계에 대한 연구다. 과거 인간학은 인간의 본질, 구성 요소, 인식, 양심 등을 논하였지만, 현대의 인간학에서는 인간의 창조성, 역사성, 사회성, 문화 현상 등을 논한다. 세상의 각 요소에 대해 그것이 무엇인가를 묻지 않고, 그 요소들이 가지는 상호 관계를 간파하고, 그 관계를 측정하는 데 현대인의 관심이 쏠려 있다. 상호 관계가 발생시키는 과정(過程)이 중요한 것이다. 현대 인간학은 인간이 사물과 가지는 관계, 시간과 가지는 관계, 다른 인간과 가지는 관계 등에 대한 연구이다. 사람은 자기가 가지는 관계의 총체(總體)라고 말할 수 있다. 경제적, 사회적, 기술적, 애정적, 언어적 관계를 말한다.

인간은 다른 사람이나 세상에서 유리(遊離)되어 의미를 갖지 않는다. 모든 관계를 끊고 살겠다는 시도는 환상이다. 중요한 것은 관계들을 어떻게 처리하느냐의 문제다. 정신분석학을 조금이라도 아는 사람이면, 어려움을 겪는 사람을 대할 때, 어릴 때 부모와의 관계, 형제들과의 관계, 학우들과의 관계에서 어떤 해답을 얻으려 할 것이다. 옛날에는 성격이나 본성으로 이해하려던 것을 이제는 관계 안에서 해답을 찾는다. 신앙의 유무(有無)도 이제는 그 사람의 반성적 사고, 곧 그 사람의 주관적 확신에서만 이해되지 않고, 그 사람이 타인과 가지는 관계의 과정 속에서 이해된다.

신에 대한 말도 최고(最高), 최상(最上)이라는 존재론적 범주(範疇)에 머물지 않는다. 최고와 최상으로 표현된 신은 인간관계의 상하를 정당화하는 데 이용되었다. 오늘은 신의 존재 증명도 의미가 없다. 그 신은, 니체가 말한 대로, 죽어야 하는 신이었다. 형이상학적 신은 모든 사람을 동일하게 규격품(規格品)으로 만들었다. 신이라는 단어가 우리의 언어 안에 의미를 가질 수 있는 것은 타자(他者), 부재자(不在者), 우리가 찾지만 우리에게 계시지 않는

분, 우리가 희망하는 분 등으로 이해될 때이다. 현대인의 인식에서 사랑한다는 것은 변한다는 말이고, 다른 것이 되어 준다는 뜻이다.

현대인에게는 시간이라는 차원도 중요하다. 시간은 모색, 회심, 새로운 것의 생성을 위해 필요하다. "시간과 함께 된 것이 아니면 시간이 용납하지 않는다." 생텍쥐페리(Saint-Exupéry)가 그의 저서 『어린 왕자』에서 하는 말이다. 새로운 관계 형성은 시간과 함께 가능하다는 사실을 지적하는 말이다.

4. 현대 사회가 요구하는 언어의 세 가지 성격

4. 1. 보편화

통신, 교통, 상업 및 다양한 매체들의 발달로 세상은 하나의 도시와 같이 되었다. 세계의 모든 지역이 상호 연결되었을 뿐 아니라, 그 연결의 밀도(密度)와 신속성은 점차 그 도를 더해가고 있다. 한 국가의 금융 위기가 세계 모든 국가들의 금융 시장에 영향을 주는 세상이다. 세상은 그만큼 좁아졌고, 세계의 모든 지역이 공존(共存)한다고 말하겠다.

이런 여건에서 보편성을 띠지 못하는 언어는 그 가치를 잃는다. 세계 차원의 기구와 대회(大會)들이 발생하고 개최된다. 유행도 세계적 성격을 지녀야만 그 효력을 발생한다. 제2차 바티칸공의회 이후, 유럽의 그리스도 신앙 문화권에서 교회들은 폐허가 되어가고 있다. 그리스도교 외에 다른 종교들이 있다는 사실을 발견하면서, 그리스도 신앙언어가 보편적인 것이 아니라는 사실에 사람들은 실망한 것이다. 오늘 종교 언어를 비롯하여 보편성을 지니지 못하는 언어는 몰락한다.

4. 2. 개별화

보편화와 동시에 발생하는 현상이 개별성에 대한 자각이다. 지역과 개체는 자기의 고유함을 다른 지역과 다른 사람들 앞에 보여준다. 보편화는 획일성을 추구하는 데에 있지 않다. 다원성 안에서 구현되는 보편성이다. 차이가 있다는 것은 전달할 것이 있다는 뜻이다. 현대 세계 안에는 어떤 형태의 삶이 보편화되면서 자리 잡아 가고 있다. 통신수단, 교통수단, 여가(餘暇) 문화, 소비성향, 민주주의, 환경문제 등이 보편화의 현장이다. 그러나 이 보편화는 지역과 개인의 차이들을 존중하게 해준다. 개인의 체험이나 개별 문화의 특성을 존중하지 않는 언어는 오늘날 의사전달의 수단이 되지 못한다.

신앙언어도 보편성을 지니되, 그것이 인류역사 속에 나타난 하나의 신앙언어라는 사실을 알아야 하고, 보편성의 주장이 타종교 언어를 무시하거나 외면하는 데에 있지 않다는 사실을 알아야 한다.

4. 3. 객체화

보편화는 통신 수단의 발달과 더불어 일어났다. 통신 수단이 사용하는 언어는 취재와 보도를 위한 보편적 언어다. 이 언어는 모든 것을 인식과 정보화의 대상으로 만들어 버린다. 통신 매체가 사용하는 언어는 모든 것을 일반화하며 강한 호소력을 지닌다. 텔레비전의 영상은 사람들이 모든 것을 직접 관찰할 수 있게 해준다. 우리는 화면을 보면서 대상물을 직접 파악한다고 생각한다. 보도는 직접성을 이상으로 한다. 온 세계가 같은 일을 함께 본다.

그러나 이 보도는 많은 사실을 알려주지만, 사건을 일으키지는 못한다. 그 보도에 접한 사람이 그 사실에 직접 참여하게 하지는 못한다는 말이다. 모든 사람이 매체를 통하여 직접 본 증인이지만, 실제 증인은 하나도 없다. 객체화된 보도는 다른 사람을 필요로 하지 않는다. 사실(事實)의 보도는 있어도, 시청자가 참여하고 결단하여 일어나는 사건(事件)은 없다. 텔레비전은 우리에게 대상화한 것을 보여준다. 그러나 내가 의사소통을 할 수 있는 주체를 보여주지는 않는다. 나는 정보를 얻어서 알지만, 의사소통하거나 현장에 참여하지는 못한다. 우리는 증인이지만, 반응을 보일 수도 없고, 투신(投身)할 수도 없는 증인이다. 우리는 방관하면서 정보를 받을 뿐이다.

과학은 객체화된 것만 대상으로 하고, 묘사적인 언어로 정보 제공만 한다. 과학에서 주체(主體)는 사라진다. 사람은 인간 삶의 편의(便宜)를 위해 정보를 얻고, 그 정보를 취사선택하여, 이용하며 삶의 문제들을 해결한다. 과학은 주체와 주체의 관계를 필요로 하지 않는다.

이런 언어 상황에서 믿어라, 지켜라, 따라라 등의 표현들은 아무런 호소력을 지니지 못한다. 신앙언어도 대상화해서 제시하고 듣는 사람이 선택하여 실천하도록, 듣는 사람의 자유를 존중해야 한다. 예수의 삶에 대한 정보는 객관화할 수 있는 대상이다. 신학은 그것을 보편화된 언어로 제시하면서 각자의 개별성을 존중해야 한다. 그

순한 자기보존 욕구를 초월하는 삶의 의미가 없어진다는 것이다. 종교가 없으면, 참된 것과 거짓된 것, 사랑과 미움, 봉사를 위한 헌신과 이기적 이익 추구, 윤리적인 것과 비윤리적인 것 등을 구별할 수 있는 장을 발견하지 못한다는 데도 사람들은 공감한다. 절대타자가 없으면 정의에 대한 인간의 욕구도 그 근본을 잃을 수 있다. 하느님이라 불리는 원초적이고 최종적인 실재가 없으면 인간이 지닌 '위안에 대한 욕구'가 충족될 수 없다.

이 점에 대해 철학은 종교의 역할을 말한다. 프랑스의 유대인 철학자 레비나스(E. Lévinas)는 다음과 같이 말하였다. "이 문제에 대해서 종교는 훨씬 많은 것을 알고 있다. 종교는 그것을 믿고 있다. 나는 철학이 인간을 위로할 수 있다고는 생각하지 않는다. 위안은 전혀 다른 기능이다. 위안은 종교적이다"[12]

이 문제에 대해 한국 그리스도 교회들의 의식은 뒤떨어져 있다. 한국의 교회들은 자신을 스스로 긍정하고 팽창시키는 데 몰두해 있다. 교회의 대형화, 부(富)의 축적, 자만심, 권위적인 교회 봉사자들, 독선적 선교 활동 등을 들 수 있다. 예수는 자기 자신에 대해 스스로 긍정하

12 *De Dieu qui vient à idée*, p.137, H. Küng, *Une théologie pour le 3e Millénaire*, p.22 에서 인용.

언어정보를 받은 사람 각자가 자유롭게 결단하고, 각자가 선택하여, 실천하게 해야 한다.

5. 현대인을 위한 신앙언어

인간이 표현한 것은 그것이 무엇이든, 시간과 공간을 초월하지 못한다. 시간을 초월한다고 생각하면 독단주의(獨斷主義)가 되고, 공간을 초월한다고 생각하면 식민주의(植民主義)가 된다. 신앙언어도 인간의 것이다. 그 언어가 발생한 시간과 공간이 있고, 그것을 발생시킨 사람의 관심 분야가 있다.

신앙의 언어가 유효하고, 진리를 반영하는 것이 되기 위해서는 겸손해야 한다. 대화하는 자세를 지닌 언어라야 한다는 말이다. 대화하는 사람은 상대가 사용하는 언어를 이해하려 노력한다. 어떤 사람에게나 어떤 환경에서나 통용될 수 있는 일반적이고 절대적인 인간 언어는 있을 수 없다. 인간은 자기가 체험할 수 있고, 상대가 확인해 볼 수 있는 것만 말해야 한다. 신앙언어는 권위적이거나 독단적이지 않아야 하고, 감상적(感傷的) 느낌을 위주로 한 것이 되어서도 안 된다.

구원이라는 언어는 예수 그리스도에게서 시작되었다. 교회가 그 구원을 위한 사회적 장(場)이라고 말하면, 과거에는 전달되는 내용이 있었다. 그러나 오늘은 그리스도 신앙으로 발생하는 실천이 어떤 것이며, 그것이 어떤 구원인지를 말할 때만 그 뜻이 전달된다. 신학은 이제 지식을 전달하는 언어가 아니다. 신학은 예수 그리스도를 자기 삶의 장에 받아들인 사람이 그 삶 안에 일으키는 일련의 일관성 있는 변화와 선택을 위한 언어라야 한다.

신학은 확인이 가능한 보편적 언어를 사용해야 한다. 확인이 불가능한 언어를 사용하면, 광대밖에 되지 못한다. 과거에 전통적으로 사용해 온 언어라서 그것을 반복 사용할 수 있다는 생각은 언어의 의미를 망각한 결과다. 그 언어를 사용하던 시대가 지나갔기 때문이다. 확인한다는 것은 한 명제에 도달하기까지의 과정을 보는 것이다. 예를 들어, 실체적 동일(實體的 同一)함이라는 언어가 니케아공의회에서 어떤 과정을 거쳐 발생했는지, 예수를 왕이라고 말하는 것이 무엇을 고백하는 것인지를 보고, 또 그 언어가 다른 명제(命題)들과 어떤 일관성을 지녔는지를 보는 것이다.

6. 신학의 과제

19세기에 들어오면서 현대 무신론자들인 포이어바흐(L.Feuerbach), 마르크스(K. Marx), 니체(F.Nietzsche) 등은 신의 죽음을 예고하였다. 그러나 그들의 예언은 실현되지 않았다. 그들이 문제로 제기하고 비판한 것은 그리스도교 문화권 안에 항상 있어온 유아기적(乳兒期的) 신앙 현상과 대중의 기복적(祈福的)이고, 가상적(假想的)[11]인 신앙 현상이었다.

19세기 무신론자들은 종교를 환상으로 규정하고 신은 이미 죽었다는 사실을 공언하였지만, 그들의 기대는 지금까지 실현되지 않았다. 종교는 현대 사회 안에 엄연히 존재하고 있다. 동서양을 막론하고, 어떤 문화권에도, 학문적 토의에도, 대중매체에도, 정치적 현장에도 종교는 자취를 감추지 않았다. 오늘날 과학적 세계관과 실재(實在)에 대한 종교적 평가는 반드시 상반되는 것으로 이해되지 않는다.

현대 사회 안에 공통적으로 관찰되는 확신이 있다. 절대 타자(他者)이신 하느님에 대한 신앙 없이는 인간의 단

11 여기서 가상적이라는 말은 상징적(象徵的)이라는 말과 대립되는 뜻으로 사용된다. 언어가 가진 본래의 의미를 망각하고 인간이 자기의 욕구를 충족시키는 의미로 아전인수(我田引水) 식으로 해석하여 인식하는 것을 의미한다.

고 팽창시키지 않았다. 교회가 예수 그리스도를 선포하는 공동체라면, 전혀 다른 자세가 요구된다.

가톨릭교회는 제2차 바티칸공의회(1962-1965)까지 중세와 반종교개혁적 해석 모형을 유지하기 위해 모든 수단을 사용하였다. 교회의 권위를 강조하며 많은 신학자들을 단죄하기도 하였다. 19세기 근대적 위협 앞에 가톨릭교회는 중앙집권화와 관료화로 스스로를 방어하였다. 가톨릭교회는 그때 구축한 행정적 외각을 제2차 바티칸공의회가 끝난 후에도 그대로 유지하고 있다. 제1차 바티칸공의회(1870)는 교회의 교계적(教階的) 관료 체계를 교의적(教義的) 차원으로 올려놓았다.[13] 이런 봉건적 조직은 현대 세계의 종교적 상황에 전혀 적합하지 않고, 오늘날 교회가 지성인들로부터 외면당하는 이유이기도 하다.

제2차 바티칸공의회의 영향으로 새로운 운동이 일어난 것은 사실이다. 그러나 가톨릭교회는 아직 두 개의 얼굴을 가졌다. 제1차 바티칸공의회 노선의 교계적이고 관료적인 얼굴과 제2차 바티칸공의회 노선의 카리스마적이고 자율적인 얼굴, 중앙집권적인 얼굴과 다원적(多元的)인 얼굴, 독단적인 얼굴과 대화적인 얼굴, 자신에 대해

---

13 교계제도의 정점에 있는 교황의 무류권(無謬權)에 대한 공의회의 결의는 교계제도에 몸담은 사람들의 권위를 격상시키는 결과를 초래하였다.

확신에 찬 얼굴과 모든 의심에도 불구하고 신앙의 진리를 찾는 얼굴이다.

신학은 그것이 가톨릭의 것이든, 개신교의 것이든, 현대의 상황에서는 할 일이 많다. 남미, 아프리카, 아시아에서 일어난 해방신학 논쟁, 미국을 비롯하여 유럽에서 일어나는 성(性)윤리에 대한 논쟁, 교회 조직의 문제, 여기저기서 보이는 근본주의적 현상, 여성의 문제, 환경의 문제 등 신학이 해야 할 일은 많다. 현대인들은 성서와 신앙 전통에 대한 해석이 이제 교회의 특수층만을 위한 것이 아니라, 인류가 지닌 실천적 문제와 직접 관련되어 있다는 사실을 본다.

문화적 다원주의가 만연되는 오늘, 근본주의적 종교 신념으로 사회적 적대 관계를 유발하는 행위들은 신학과 교회가 비판받는 중요한 계기가 된다. 리처드 도킨스[14]의 저서가 그런 비판의 좋은 예다. 영국의 진화생물학자인 도킨스는 그리스도교와 이슬람교의 근본주의자들이 범한 악행들을 줄줄이 예로 들면서 그 악행의 배경이 된 종교는 없어져야 한다고 말한다. 현대 세계 안에 종교적 근본주의자들은 현대 문화가 자리 잡고 있는 낙관적 역사

---

14 리처드 도킨스(Richard Dawkins), *The God Delusion*, 한국어 번역본, 『만들어진 신』, 이한음 옮김, 김영사(2007).

관을 거슬러 도전하는 것으로밖에 보이지 않는다.

유럽의 문명이 그 지도력을 잃으면서 그리스도교는 '유일한 참다운 종교', '유일한 구원의 수단', '절대적 종교'라는 권좌(權座)에서 물러났다. 가톨릭교회는 제2차 바티칸공의회 이후 처음으로 타종교들과 동등한 입장에서 종교 간의 대화를 시도하고 있다. 이 현상은 유럽의 일부 신앙인들에게 그리스도 신앙 자체에 대한 회의를 갖게 한 계기가 되었다. 그리스도교가 과학, 기술, 산업의 발달을 장려하였고, 인권, 인간의 자유, 여성의 권리, 남녀평등 그리고 가정의 중요성 등을 발전시킨 것은 사실이다. 그리스도교는 오늘날 타종교에 대해서 진지하게 귀를 기울이고, 무엇이라도 배울 것이 있으면 받아들인다는 자세를 보인다.

두 번의 세계대전, 아우슈비츠, 핵폭탄, 제3세계의 기근 등의 비극은 관념론적 신학을 더 지속할 수 없다는 사실을 느끼게 만들었다. 신학은 수없이 많은 구체적 인간 고통의 이야기들을 진지하게 다루어야 한다. 이는 요한네스 메츠(J.Metz)의 정치신학이 지적하는 바이다. 이 고통에 대한 새로운 자각은 가난한 이들을 위한 선택이 신학에도 급선무라는 사실을 알게 해 주었다. 이는 보프(L.Boff)를 비롯한 해방신학자들이 특별한 관심으로 발전시킨 분야이다. 여기서 가난한 사람은 가질 것을 갖지 못한 사람들뿐 아니라, 육체적으로 또 정신적으로 고통당하는 사람들을 지칭한다.

이런 고통의 이야기들 안에는 남성 우위의 세상에서 오랜 역사 동안 학대받았던 여인들의 이야기가 들어간다. 여성의 정체성과 남성과 동등한 권리 등에 대한 자각은 우리 시대의 큰 수확이다. 이 결과는 우리에게 신학적 해석의 새로운 모형(paradigm)을 제공해준다. 여성에 대한 이런 자각은 신학, 교회사, 교회법, 교계제도 등 여러 분야에서 새로운 반성과 해석을 요구하고 있다.

7. 오늘의 신학이 존중하는 차원

7. 1. 성서적 차원

성서는 그것이 기록될 당시의 언어로 기원(起源)의 신앙 체험을 전하는 문서다. 그 기원의 체험을 살려내지 못하면, 신앙의 정체성이 훼손된다. 과거 한 시대의 언어로 표현되었기에, 성서는 새로운 해석이 요구되지만, 그 해석의 지속성은 구원을 위한 기쁜 소식에 있다. 기쁜 소식, 하느님에 대한 믿음, 예수 그리스도의 의미 등은 신학이 하는 해석 안에 항상 있어야 하는 우선적 요소들이다. 오늘 성서의 해석에 역사비평적 방법은 필수적이다.

구약성서 언어의 상징성을 무시하고 예수 그리스도에 대한 복음을 이해할 수는 없다. 신약성서는 구약성서 언어를 잘 아는 문화권에서 기록된 것이다. 예수 그리스도를 하느님의 아들이라고 말할 때, 예수의 남성을 말하는 것이 아니라 하느님과 생명의 관계 안에 있는 인간을 말한다. 하느님에 대해서 말할 때도 아버지, 임금, 재판관 등 남성적 비유의 언어만 쓸 것이 아니라 여성적이고 모성적 체험도 포함시켜 해석해야 한다. 어머니의 역할도 포함된 아버지라는 호칭이다.

7. 2. 역사적 차원

시간은 직선적으로 이해되지 않고 역사적으로 이해되어야 한다. 과거, 현재, 미래라는 시간의 세 차원은 직선적으로 연속되기만 한 것이 아니다. 현재 안에는 과거가 어떤 양식으로 살아 있고, 미래를 향한 희망도 현재의 인간 모습을 변하게 한다는 사실을 생각해야 한다. 따라서 역사는 변증법적(辨證法的) 교차를 일으키는 시간적 그물이라고도 말한다.

오늘의 신학에서 역사비평은 신앙언어의 독단적 절대화와 제도적 경색을 차단하는 역할을 한다. 그러나 신학은 현재와 인간 주체를 절대화한 나머지 보편적 상대주의에 빠지지 않도록 경계한다. 역사비평은 인간으로 하여금 자기의 현재와 자기의 주관적 관점도 상대화할 것을 가르친다. 모든 것을 상대적인 것으로만 생각하는 보편적 상대주의에 빠지지 않으면서, 관계들의 보편적 망을 우선적으로 생각할 줄 알아야 한다.

인류 전체를 포괄하는 세상과 세상의 역사 속에는 공통된 미래가 있을 뿐이다. 세계의 평화는 인류 생존의 조건이다. 생명의 대량 학살과 억압, 핵(核)의 문제, 공해(公害) 등 세상은 일찍이 보지 못한 비인간적인 면을 보이고 있다. 따라서 인간성도 신학적 해석의 새로운 주제가 되었다. 이 인간성은 나자렛의 예수 안에 우리가 볼 수 있는 생명 현상을 바탕으로 설명된다.

7. 3. 교회 일치적 차원

현대 세계 안에 보이는 정치적, 경제적, 군사적 위협들은 세상과 인류의 미래를 어둡게 한다. 이런 현상 앞에서 개별적 사고보다 보편적 사고를 더 중요시하고, 논쟁적 신학보다 교회 일치적 신학을 중요시하는 것은 역사의 막을 수 없는 흐름이다. 각 교파의 전통을 배타적으로 살리기 위해 노력할 것이 아니다. 현대는 모든 그리스도인들의 일치된 공동체를 지향하는 사고와 노력들이 더욱 돋보이는 시대다. 그리스도 신앙은 개인주의와 교파주의를 지향하지 않는다. 배타적이고 논쟁적인 것은 그리스도의 진리와는 무관하다. 그리스도 교파 간의 일치 운동은 종교들과 문화들이 서로를 이해하고, 함께 진리를 모색하는 데에 본보기가 되어야 한다.

나오면서

인류 역사 속에 종교는 다양하다. 사람들은 그 다양함 속에서 상대주의에 빠질 수도 있다. 이런 현실 앞에 신학은 그리스도 신앙의 특수성을 이해하고 해석하는 합당한 길을 찾아야 한다. 신학은 그리스도 신앙의 '상대적 절대성'을 제시할 줄 알아야 한다. 이것은 계시, 예수 그리스도, 교회, 그리고 인간 등을 이해하는 데 지대한 영향을 줄 것이다.

각 문화권이 지닌 '인식의 망'에 따라 성서 독서법은 다르다. 그리고 그것은 타당하고 필요한 일이다. 그 성서 독서법이 있어서 타종교와 타문화의 영적 가치들과 윤리를 우리가 올바로 이해할 수 있을 것이며 우리를 풍요롭게 해줄 것이다.

오늘 신앙언어의 해석에는 문화들, 종교들과 교회들에 대한 새로운 시선만 제공하지 않고, 이성(異性)을 보는 시선도 새롭게 한다. 그리스도 신앙 안에서는 주인과 노예, 그리스인과 야만인의 차별만 없어진 것이 아니라 남자와 여자의 차별도 없어진다. 신학을 위해서나 교회를 위해서나 우리의 새로운 신앙언어에 여성을 남성보다 열등한 상황에 있게 하는 모든 것, 특히 여성에게 교회 직무를 금하는 것은 온전히 무의미한 것이다.

오늘 신학이 하는 새로운 해석은 인간의 실천에 주목한다. 신학은 이제 조직신학, 교의신학 혹은 교회의 가르침을 한편에 놓고, 다른 편에 실천, 사회 윤리, 사회 문제에 대한 교리 등을 놓는 식으로 분류하지 않는다. 신학의 모든 주제들은 실천적 언어와 더불어 설명되어야 한다.

요한네스 메츠가 신앙의 이 실천적 차원을 정치신학이라는 말로 표현한 후, 일부 신앙인들 사이에서는 신앙을 그 사회의 정치적 현실에 참여하고 비판하는 것이라고 오해하기도 했다. 하느님의 이름으로 정치 현실을 비판하고 하느님의 이름으로 정의로운 사회를 구현하겠다고 나선 사람들도 있다. 그러나 이것은 단어 하나에 대한 오해에서 비롯되었다. 정치신학은 신학의 해석적 모형에 실천적 차원이 있다는 것을 말할 뿐이다. 신앙은 어느 나라의 정치적 현실에 개입하고, 하느님의 이름으로 정치 현실을 비판하지 않는다. '가난한 사람은 행복하다.'는 복음서의 말씀은 재물이나 권력을 가진 사람을 모두 비난하고 불행하게 만들라는 말이 아니다.

신학은 이제 다원적이다. 해석적 모형을 어떻게 형상화하느냐에 따라 여러 개의 신학이 있을 수 있다. 해석학적 신학, 정치신학, 해방신학 등이 그 예다. 해방신학에도 여성해방신학, 흑인해방신학, 제3세계 해방신학 등은 그리스도교 신학으로 공존할 수 있다. 신학의 해석적 새 모형은 모든 형태의 신학에게 세계의 상황을 전망하라고 요구한다. 지구촌이라 불리는 오늘의 세계가 그러하다.

신학 가운데 있을 수 있는 어떤 대결이나 논쟁도 특정 인물이나 특정 계층의 이익을 위한 것이 되지 말아야 한다. 그리고 일부 계층을 분리시키거나 고립시키려는 시도가 되지도 말아야 한다. 신학 안에서 대결과 논쟁은 영적 상호 이해와 풍요로움을 갖다 주는 계기가 되어야 하고, 양자 모두가 변화하는 기회가 되어야 한다. 미래에는 교파(敎派), 식민주의(植民主義), 가부장적(家父長的) 보호주의(保護主義)가 없을 것이다. 다만 인간의 온전한 해방만이 있을 것이다. 인간적인 것을 위한 외침만 있을 것이다.

제4장

신학의 다원성(多元性)

들어가면서

가톨릭교회는 제2차 바티칸공의회 이전까지는 로마 가톨릭교회의 신학만을 보편 신학, 곧 영원한 신학(theologia perennis)이라고 불렀다. 그러나 오늘은 신학자들뿐 아니라, 교회의 교도권까지도 보편 신학이 존재하지 않는다고 생각하기에 이르렀다. 신학은 다양성을 지니게 되었다. 보편 신학은 있을 수 없고 신학은 다른 교파의 신학들과도 교류한다. 그리스도 신앙언어가 유럽 사회에 오랫동안 토착화된 것은 역사적 사실이다. 따라서 그리스도교회의 신학이라고 말하면, 대체로 유럽의 신학을 의미했다. 모든 새로운 신학은 유럽 신학의 유산을 어느 정도 이어받았다. 그러나 이제는 유럽 신학도 다른 신학들과 대화하면서 풍요로워진다. 식민주의 시대가 종말을 고하면서 유럽 신학 하나만 있을 수 없다는 사실을 인정하게 되었다. 새롭게 탄생하는 신앙 공동체들은 그리스도 신앙의 문화와 다른 전통을 가진 타문화와 접촉하면서 새로운 신학들을 발생시켰다. 따라서 오늘에는 여러 신학이 있고, 그 신학들은 상호 교류하면서 서로 의존하고 풍요로워지고 있다. 먼저 신학의 다원 현상과 관련된 중요한 몇 가지 원칙들을 살펴보자.

1. 신학의 다원 현상

신학의 다원 현상은 다양한 문화 전통들이 그리스도 신앙을 수용한 결과로 나타났다. 신학은 복음 메시지와 개별 문화의 만남에서 발생한다. 그리스도 신앙이 보편성을 지니는 것은 불변의 신앙과 하나인 복음이 다른 문화권 안에서도 강생할 수 있다는 사실을 의미한다. 그리스도 신앙이 다양한 문화권에 토착화하는 것은 나자렛 사람 예수라는 한 개별 인간 안에 하느님의 말씀이 강생하였기에 가능한 일이다.

제2차 바티칸공의회 이후 교회의 공식 문서에서는 아직 분명하게 인정되고 있지 않지만, 가톨릭교회 내부에서 신학의 다원 현상이 현실로 나타났다. 그것은 하느님 말씀의 동일성과 전 세계에 흩어져 있는 그리스도 신앙 공동체의 문화적 다원성 사이에서 발생한 현실이다. 신학의 다원성은 복음이 다원성을 지니기 때문에 나타난 현상이 아니다. 그보다는 하느님의 말씀을 다양한 문화가 수용하면서 그 강생의 모습도 달리 나타난 것이다. 결국 신학의 다원 현상은 예수라는 한 인물의 개별성과 그리스도의 보편성이 결합되어 일어나는 일이다. 그것은 강생 신비의 연장이고, 그리스도 신앙의 참다운 토착화다.

다원 현상을 두려워하지 말아야 한다. 역사적으로 그리스도 신앙은 그 실천이나 고백에서 항상 다양성을 나타내었다.[15] 인간은 단일화를 지향하지만, 바벨탑의 사건과 같이 분산화(分散化)도 역사 속에 있어왔다. 이 단일화와 분산화의 양극단 사이에 다양성을 지니면서 일치를 주는 성령강림이 있다. 성령강림 사건은 인간의 다양한 언어와 다양한 문화 속에서 혼돈을 일으키지 않으면서

15 Concilium 191(1984), Babel ou Pentecôte? Pluralité des théologies et responsabilité commune 참조

하느님의 일을 선포할 수 있는 가능성을 준다. 신학은 그것의 다원 현상을 수용하고, 분화된 신학 작업을 함으로써 다양성 속에서 신앙의 일치를 위한 신학적 사명을 다하는 것이다. 이것은 개별 신학이 신앙언어의 구현에 있어서는 전체 신앙 공동체를 위한 예언적 사명을 해야 한다는 말이다. 모든 시대 모든 지역에 하느님의 성령이 일하셔서 다양한 길들이 생기고, 그 길들이 서로 교감하여 교회는 '가톨릭적' 사명을 완수할 수 있다.

2. 제2차 바티칸공의회의 유산

개별 신학들이 완전히 독립한 것인 양 상상하지 말아야 한다. 신학은 날이 갈수록 더 세계적인 것이 되면서 개별 신학이 상호 교류하고 있다. 과거에 선교 지역이라고 불리던 곳에서 새로운 교회들과 새로운 신학이 탄생하고 있다. 예를 들면, 라틴 아메리카의 해방신학, 북아메리카와 아프리카의 흑인신학, 아시아신학 등이 있고, 인류가 안고 있는 중요한 문제들을 다루는 여성신학과 제3세계신학 등이 있다. 이런 모든 신학들은 제2차 바티칸공의회의 유산을 그 바탕으로 하고 있다. 제2차 바티칸공의회는 공의회 이후 모든 신학자들의 작업에 바탕과 전망을 제공했다. 제2차 바티칸공의회는 프랑스와 독일 신학자들이 오랫동안 꾸준히 노력한 결과였다. 따라서 오늘 세계 각지의 개별 신학들은 제2차 바티칸공의회를 바탕으로 서로 긴밀히 의지하고 있다.

제2차 바티칸공의회 신학의 중요한 특징을 세 가지로 요약할 수 있다. 첫째로 역사의 중요성을 강조한다. 둘째로 교회론에 집중하는 신학을 강조한다. 셋째로 교회 일치의 차원을 강조하는 신학이다.

첫째, 제2차 바티칸공의회 신학은 역사의 중요성을 강조한다. 역사는 계시의 구성적인 차원이다. 과거 스콜라 신학과 신스콜라 신학은 역사를 외면했고 실천을 중요하게 생각하지 않았다. 그 신학에서는 시간과 역사가 우연의 범주에 속하는 것이었다. 따라서 신학은 추상적이고 이론적이었다. 신스콜라 신학의 방법과 내용을 탈피한 이 공의회 신학은 신앙의 조항(條項)들과 신앙 행위 그리고 모든 신학적 설명이 필연적으로 지니는 역사성을 재발견하였다. 이 점과 관련하여 써뉘(M.D.Chenu) 신부의 공적을 과소평가하지 말아야 한다.[16] 그는 신앙이 역사 속

16 *Le Saulchoir, une Ecole de theologie* 이 소책자는 1937년에 발간되어 1942년에 금서(禁書)로 분류되었다.

에서 구체적으로 실현될 때, 각기 다른 신앙 표현들이 필연적으로 생겨난다고 주장했다. 그는 신앙의 진술과 신앙의 실천 사이에는 밀접한 관계가 있다는 사실을 강조하였다. 노동 신학을 비롯하여 현세적 혹은 지상적 실재들에 대한 신학들이 출현할 수 있는 토대를 마련한 것이었다. 그의 주장은 제2차 바티칸공의회가 『사목헌장』에서 표현한 사상의 근원이었다. 그리고 그의 주장은 또한 해방신학의 출현에도 간접적으로 지대한 영향을 주었다.

둘째, 제2차 바티칸공의회 신학은 새로운 교회관을 제시하면서 교회론을 중시했다. 이와 관련하여 이 공의회의 중요한 문헌들에 직접적인 영향을 준, 드 뤼박(H. de Lubac) 신부와 콩가르(Y. Congar) 신부의 업적을 기억해야 한다. 그들은 교부학과 같은 삶이 담긴 교회 전통을 연구함으로써 그 시대의 반종교개혁적 신학의 편협성을 넘어설 수 있었다. 그들은 법률적이고 권위주의적 개념인 '완전한 사회(societas perfecta)'로서의 교회를 넘어서 하느님 백성으로서의 교회, 그리고 친교로서의 교회 개념을 재발견했다. 하느님 백성의 다원성은 존중되어야 하고, 그리스도 신앙이 요구하는 친교는 자율적인 것이라야 한다. 그리고 주체 간의 차이도 필연적인 것으로 인정된다. 유럽 중세 사회의 유산이었던 수직적이고 일률적 교회관을 넘어서 다양성 속에서 풍요로운 수평적 교회 공동체관을 확립하게 했다. 콩가르의 교회론은 평신도의 중요성을 부각하면서 동시에 주교단의 중요성을 강조하는 신학이다. 이 공의회 후의 모든 신학들은 그 영향을 받았다.

셋째, 제2차 바티칸공의회 신학은 종교 간의 대화와 그리스도 교회들 간의 일치적 차원을 강조한다. 종교 간의 대화와 교회들의 일치 문제는 유럽 신학과 비유럽 신학을 막론하고 모든 신학의 연구 주제가 되었다. 그것은 성서학의 연구 대상일 뿐 아니라, 계시론, 그리스도론, 그리고 교회론 등 신학의 중요한 연구 주제가 되었다. 가톨릭과 개신교 간에 세례, 성체와 봉사직무와 같은 교회의 기본적 성사들에 관하여 많은 연구가 이루어졌다.[17] 그리고 의화론(義化論)에 대해서도 신학적으로 공감대가 이루어졌다. 가톨릭과 동방교회 간에는 성령의 발출(processio)과 성체 변화에 대해서 합의점에 도달하였다. 오늘날 유럽 신학만이 아니라 세계 각처에서 새롭게 발생하는 교회 공동체들의 새로운 신학들도 이런 문제에 대한 종교 간의 대화와 교회들 간의 일치를 위한 노력을 전제하고 있다.

17 예를 들면, Baptism, Eucharist and Ministry라는 문헌이 있다. 세계 교회 협의회가 페루의 Lima에서 1981년 발표한 것인데 개신교의 많은 교파가 참여 혹은 동의하여 작성되었고 가톨릭교회도 동의한 문서다.

3. 신학들의 상호 보완성

보편 신학은 존재하지 않으며 독자적 개별 신학도 존재하지 않는다. 다만 다양성을 지닌 세계의 신학이 있을 뿐이다. 그러나 제2차 바티칸공의회 이후 현대 신학의 상황을 보면, 세계 신학을 크게 두 가지 경향으로 나눌 수 있다.

공의회 신학의 토대가 된 유럽 신학은 모든 교회를 위한 범세계적 중요성을 지니고 있다. 교회의 주도적 신학으로서 유럽 신학은 엄연히 그 자리를 지키고 있다. 세계 각지의 개별 신학은 유럽 신학의 지대한 영향을 외면할 수 없다. 비유럽 신학들에 관해 논할 때는 각 신학이 지닌 자율성보다는 신학들의 상호 보완성으로 말미암은 풍요로움에 더 주목해야 할 것이다. 먼저 제2차 바티칸공의회 이후의 신학적 상황에 대해 생각해 보자.

세계적이라고 부를 만한 신학을 두 가지 성향으로 대별해서 볼 수 있다. 종교사에서도 발견되는 두 성향이다. 하나는 예언 및 윤리와 역사성을 강조하는 종교들의 성향이고, 또 다른 하나는 신비적, 형이상학적 그리고 심미적 면을 강조하는 종교들이다. 하나는 초월성(超越性)을 강조한다고 하겠고 또 하나는 내재성(內在性)에 더 시선을 준다고 하겠다. 유대교, 그리스도교, 이슬람교와 같은 유일신 종교들이 첫 번째 성향에 속한다. 그들은 말씀으로 현존하는 신의 '선포'를 특히 강조한다. 그와 반대로 아시아 종교들은 두 번째 성향에 속한다. 그들은 세계와 자연 혹은 인간 의식 안에 현존하는 신성에의 '참여'를 강조한다. 종교 현상에 대한 이 두 가지 해석은 변증법적인 것으로 생각해야 한다. 동양 종교라고 해서 순수하게 신비적 측면만 있는 것도 아니고, 유일신교라고 순수하게 예언적인 것만도 아니다. 동양의 큰 종교들도 윤리적, 정치적 측면을 많이 강조한다.

종교학자 엘리아데(Mircea Eliade)는 이를 선포(proclamatio)의 질서와 현현(顯現 manifestatio)의 질서라고 명명하였다. 그리스도 신앙은 이 두 가지 성향을 다 가지고 있으면서, 이 둘을 잘 조화시키는 데에 그 독창성이 있다. 그리스도 신앙은 그 발생 당시부터 이미 선포의 질서와 현현의 질서 사이의 긴장을 내포하고 있다.[18] 오늘날 교회 안에 두

18 "나 너와 함께 있다."(탈출 3,12)라는 선포와 '당신의 존엄하신 모습을 보여 달라.'는 청에 "내 모든 선한 모습을 네 앞으로 지나가게 하며, 야훼라는 이름을 너에게 선포하리라. 나는 돌보고 싶은 자는 돌보아 주고, 가엾이 여기고 싶은 자는 가엾이 여긴다."(33,19)라는 참여를 요구하는 말이 있다. 신약성서에 오면 "지금 내가 한 말을 듣고 그대로 실행하는 사람은 반석 위에 집을 짓는 슬기로운 사람과 같다"(마태 7,24)라는 말씀이 있고, "아버지께서 나를 사랑하신 것처럼 나도 너희를 사랑해 왔다. 그러니 너희는 언제나 내 사랑 안에 머물러 있어라.……내가 너희를 사랑한 것처럼 너희도 서로 사랑하여라. 이것이 나의 계명이다."(요한 15,9;12)라는 선포와 참여를 요구하는 말씀이 있다.

질서 가운데 하나를 강조하는 경향의 사람들이 있다. 말씀의 축을 강조하는 신학자들이 있고, 성사(聖事)의 축을 강조하는 신학들이 있다. 틸리히(P.Tillich)가 주장한 것처럼, 인간적 혹은 역사적 실재를 하느님과 동일시하기를 거부하는 성향의 신학이 있다. 이것은 개신교 신학의 특성적 원리이기도 하다. 또 한편에는 존재하는 모든 것 안에 하느님의 현존을 확인하는 신학이 있다. 이것은 가톨릭 신학의 특성이라 하겠다.

말씀의 축을 강조하는 개신교 신학의 대표적 신학자는 바르트(K.Barth)다. 그는 윤리적 요구를 수반하는 하느님 말씀의 절대성을 강조한다. 말씀의 신학은 하느님을 세상과 역사로부터 분리하여 생각한다. 그러나 가톨릭 신학은 신앙을 내면적 사유의 대상으로만 국한하여 생각하지 않고, 복음의 사회적 혹은 정치적 사명을 강조한다. 메츠(J.Metz)의 정치신학이 대변하는 입장이다.

칼 라너(K. Rahner)[19]와 우르스 폰 발타살(Hans Urs von Balthasar)[20]은 하느님의 현존과 현현이 인간의 의식 속에만 있는 것이 아니라, 역사와 세상의 실재로서 현존한다는 사실을 강조한다. 그들은 세상 속에 내재하시는 하느

19 이찬수, 『인간은 신의 암호 – 칼 라너의 신학과 다원적 종교의 세계』, 분도출판사(1999). 특히 77–88 참조.

20 김산춘, 『감각과 초월, 발타살의 신학적 미학』, 분도출판사(2003).

님에게 참여해야 한다고 주장한다. 유대교와 이슬람교는 예언적 종교들이다. 이스라엘의 신앙을 계승한 가톨릭 신앙의 독창성은 모든 곳에 현존하시는 하느님을 믿으며, 하느님은 인간 의식 안에 내재하실 뿐 아니라 세상 안에도 내재하신다고 믿는 데에 있다. 그런 입장은 다른 종교들에서도 발견되는 진리이기도 하다. 폰 발타살은 신앙을 단순히 진리 혹은 선(善)이라는 개념으로 설명할 뿐 아니라, 미(美)라는 개념으로도 설명한다.

사실 그리스도 신앙의 신비를 충만히 설명하기 위해서는 선포와 현현(顯現), 두 가지를 모두 필요로 한다. 양자택일은 불가능하다. 오히려 이 둘 사이의 변증법적 관계를 말해야 할 것이다. 그리스도 신앙은 말씀으로 자연 속의 현현들을 변형시켜서 초월과 연결한다. 이것이 성사다. 예를 들면, 세례성사는 그리스도인의 삶이라는 현현을 하느님의 자녀라는 선포와 연결하고, 신앙인의 헌신(獻身)이라는 현현을 "내어주고 쏟은 예수의 몸과 피"라는 선포와 연결한다.

현현을 중시하는 신학들과 선포를 중시하는 신학들 사이의 차이는 강조점의 차이이다. 이 두 성향은 유럽 신학이냐 비유럽 신학이냐를 불문하고 모든 신학들에 공통적으로 보인다. 다만, 그리스도 신앙이 지닌 원초적 충만함이 있고 그 충만함 때문에 발생하는 두 성향이라는 사실을 알아야 한다.

4. 이야기 신학

신스콜라 신학과 같은 신학이 전적으로 사변적이고 추상적이며 관념적인 것에 반해, 이야기 신학은 성서의 중요한 이야기들과 나자렛 예수의 삶과 죽음에 대한 이야기에서 신앙의 진리를 읽어낸다. 이것은 비교적 새로운 언어 방식이고, 현대적 요청으로 발생한 것이다. 이야기 신학은 사변적이고 추상적인 언어를 보완하는 것으로 각광을 받는다. 오늘 우리는 살고 있다. 그러나 내일 우리의 오늘은 이야기 속에 남을 것이다. 예수는 과거에 팔레스티나에서 살았고 오늘 예수는 우리의 이야기들 속에 우리와 함께 살아 있다.

과거 그리스도 신앙은 그리스 문화와 사상을 만났고, 그 만남에서 발생한 언어는 그리스도 신앙 메시지의 보편화라는 점에서 크게 성공했다. 그리스도 신앙과 그리스 사상의 결합은 교부 시대와 유럽 중세에 그 정점에 이르렀다. 그 결합으로 발생한 언어는 종교개혁 시기에 그 첫 번째 위기를 맞이했다. 그리고 기원 후 2천년을 전후해서 그리스도 신학의 그리스적 사고에 대한 회의가 제기되고, 그 위기를 현재도 겪고 있다. 오늘 우리는 그리스도 신앙의 유대교적 뿌리를 재발견하고 있다. 그리스도 신학이 그리스 사상과 이념을 비판하고, 그것에서 탈피하기 위해 노력하는 것은 그리스 철학이 지배했던 유럽과 다른 문화권에도 신앙은 토착되어야 하기 때문이다.

그리스 철학의 언어에 대한 회의는 신학의 기초가 된 형이상학이 위기에 직면했기 때문이다. 상당수의 신학자들이 하느님과 그리스 철학의 절대자를 동일시하는 것에 이의를 제기하기에 이르렀다. 프랑스의 레비나스(E. Levinas)[21]는 타자성(Altérité)이라는 단어로써 하느님을 사유한다. 그는 유럽의 자아 중심적 철학에 대립해서, 다른 이의 존재를 존중하고 다른 이와 함께 하는 '타자성의 철학'을 제안하면서, 인간 주체성을 '타인을 받아들임'이라고 정의한다. 그의 영향을 받은 이들은 형이상학적 전통의 토대에서 생각하던 하느님과는 다른, 이스라엘의 하느님이 지닌 고유한 독창성을 재발견하려고 노력하고 있다.

---

21 엠마누엘 레비나스, 『시간과 타자』, 강영안 옮김, 문예출판사(1996).

다른 한편 개신교 신학은 몰트만(J.Moltmann)[22]과 융엘(E.Jüngel)[23]과 같은 신학자들에게서 볼 수 있듯이, 폭력의 역사와 악의 범람에 직면하여, 유신론(有神論)과 무신론의 대립을 넘어서려고 애쓰고 있다. 이런 신학자들은 과거 존재론적 신학 전통의 하느님과 예수의 십자가 죽음에서 드러난 하느님 사이의 대립을 넘어서려 노력한다. 과거 그리스 철학을 기반으로 한 신학과 스콜라 신학은 존재론적 하느님의 전능함과 십자가 죽음의 무능함 사이의 모순을 극복하지 못하였다. 융엘은 "하느님의 죽음"이라는 난해한 표현에 대해 생각하면서 절대자가 아닌 절대 사랑이신 하느님의 초월성을 강조한다.

현대 신학은 이야기 신학이라는 특별한 방법으로 그리스도 신앙의 그리스 철학화에 비판적으로 거리를 유지하려고 할 뿐 아니라, 유대 사상에 대한 외면이나 오해에서 비롯된, 지금까지의 잘못된 그리스도 신학을 비판한다. 아테네와 예루살렘의 관계에 대해 유럽 신학이 입장을 바꾸고 있는 또 하나의 표징은 이스라엘과 교회의 관계에 대한 전통적 견해를 교정하는 데서 유래하기도 한다. 오늘날 모든 그리스도 신학은 아우슈비츠의 600만 명 집

22 『십자가에 달리신 하느님』, 김균진 옮김, 한국신학연구소(1992)
23 *Gott als Geheimnis der Welt*(1992).

단 학살 이후의 신학이다. 그런 인종 말살 계획은 그야말로 부조리한 비극이다. 그리스도 신학이건 유대교 신학이건, 오늘의 모든 신학은 이러한 인종 말살 계획에서 드러난 인간 폭력과 악의 범람 후에도 하느님에 대해 말할 수 있어야 한다.

하느님의 무능이 드러난 이런 비극적 폭력 앞에서 아직도 하느님에 대해 말할 수 있는가? 아우슈비츠 참상 이후, 유럽의 반유대 사상에 부채질을 한 그리스도 교회의 반유대적 태도에 대해서도 신학은 침묵할 수 없었다. 유대인이라는 이유만으로 600만 명의 인종이 학살당해야 했던 신학적 근거가 과연 있었던가? 그리스도 신학은 반유대적 표현으로 이해될 만한 신약성서의 진술들에 대하여 새로운 해석을 해야 한다. 제2차 바티칸공의회가 언급하는 것처럼 모든 유대인이 예수의 죽음에 책임이 있는 것은 아니다.[24] 예수는 율법주의와 같은 유대교의 변질과 타락을 단죄하였을 뿐, 유대교 전체를 단죄한 것은 아니었다. 오늘날 역사 비평적 해석은 예수가 은총과 선택의 종교인 유대교를 단죄한 것이 아니라, 율법주의로 전락하는 유대교를 비판하였다는 사실을 밝힌다.

교회는 새로운 이스라엘이 아니다. 유대교는 그리스

24 제2차 바티칸공의회, '비그리스도교에 관한 선언' 제4항 참조.

도 신앙과 비교하여 그 고유한 성격을 지닌다는 사실을 인정해야 한다. 유대교는 그리스도가 창설한 새 계약의 새로운 종교 안에 흡수되지 않았다. 유대교는 확고부동한 독자적 종교이다. 그리스도 교회가 이스라엘을 단순히 대체한다고 주장하는 그리스도 교회의 잘못된 신학은 교정되어야 한다. 그리스도 교회는 이스라엘을 대체하지 않는다. 그리스도 교회와 하느님의 백성은 그 외연(外延)이 동일하지 않다. 이스라엘 백성에 대한 하느님의 약속은 변함이 없다. 그리스도 교회가 옛 이스라엘을 대체하는 새로운 이스라엘이라고 말할 것이 아니라, 종말의 순간까지 하느님의 나라를 기다리는 이스라엘과 그리스도 교회의 연속성에 대해서 말해야 할 것이다.

신학은 하느님의 새로운 백성으로서 교회의 새로움과 이스라엘에 대한 하느님 약속의 항구함을 조화시키도록 해야 할 것이다.[25]

유대교에 대한 그리스도 신학의 이러한 교정은 유럽 신학의 실질적인 발전을 가져오는 풍요로운 신학의 장(場) 중 하나가 될 것이다. 한편, 그리스도 신앙을 그리스

25 복음서들 안에는 유대교에 대한 논쟁적 말씀들(마태 21장 참조)이 있다. 예수를 주님으로 믿기 때문에 유대교 회당에서 쫓겨났던 그리스도 신앙인들이 70년 예루살렘과 그 성전의 파괴를 겪으면서 이제부터 이스라엘을 대신하는 하느님의 백성인 교회라는 사실을 깨달았고, 그 깨달음을 언어로 남긴 것이다.

철학의 언어를 빌려 표현한 과거 신학을 비판하는 이야기 신학은, 형이상학적 가치를 지지하는 논증적 신학에도 답할 수 있어야 할 것이다. 하이데거가 지적하였듯이, 존재론적 형이상학이 해체되어야 한다는 주장에는 동의하지만, 실체가 아니라 행위를 의미하는 존재에 대한 사색으로서 형이상학은 많은 가능성들을 지니고 있다.

이스라엘의 신앙적 근원을 되찾는다는 것은 신학을 유대교화한다는 말이 아니다. 신학이 그 풍요로움을 지니기 위해서는 아테네와 예루살렘 중 양자택일이라는 단순한 선택을 넘어서야 한다. 유럽의 신학은 제3세계 신학들, 특히 아시아 신학들에게서 많은 도움을 받을 수 있다. 아테네-예루살렘이라는 양자택일을 넘어서 제3의 신학, 즉 비유럽적 보편 신학을 찾아야 한다.

오늘 신학은 예루살렘과 아테네를 넘어서는 제3의 신학을 모색하고 있다. 보편성을 지향하는 복음이 유대교와 그리스 문화의 이원성을 넘어선 것처럼, 오늘 복음은 유럽과 비유럽의 이원성을 넘어서야 한다. 복음과 유대교의 관계는 그리스도 복음의 새로움과 인류의 다양한 문화가 존중해야 할 모범으로 보여야 한다. 복음이 유대교와 그리스 문화의 이원성을 넘어선 것처럼, 그리스 문화와 비그리스 문화의 이원성을 넘어설 때, 복음은 보편성을 갖게 될 것이다. 신앙언어는 유럽 중심적 경향에서 물러나 비유럽 문화들 안에서 토착화되어야 한다. 이것은 오늘 신학이 안고 있는 과제이기도 하고 이미 시작된 작업이기도 하다.

5. 메시아 신학

그리스도 신앙은 말씀의 종교이면서 동시에 성사(聖事)의 종교다. 말씀의 축이 있어서 말씀을 들어야 하는 신앙이면서 현현의 축이 있어 또한 보아야 하는 신앙이기도 하다. 예수 그리스도는 하느님의 말씀이면서 동시에 하느님의 형상(形象)이다. 말씀인 예수 그리스도를 듣고 하느님의 형상으로 가시적(可視的) 실재이신 예수 그리스도를 통하여 보이지 않는 하느님을 만나게 된다. 전례 안에서 말씀을 듣고, 감각적 실재를 통하여 하느님의 신비에 접근한다. 그리스도 신앙의 메시아 신학은 신학의 예언적 축과 윤리적 축, 그리고 역사적 축을 강조한다.

메시아 신학으로서는 유럽에서 메츠의 정치신학과 라틴 아메리카에서 해방신학을 그 예로 들 수 있다. 해방신학에는 라틴 아메리카의 해방신학이 있고, 아프리카의 해방신학이 있으며, 인도 문화권에는 피어리스(A.Pieris)의 해방신학이 있다. 이 해방신학들은 기술 문명의 합리성을 정당화하는 유럽의 낙관적이고 현세적인 신학에 저항한다. 그들은 큰 희생을 치르면서 성장을 모색하는 노동을 높이 평가한다. 해방신학은 현실을 외면하고 사회적 혹은 정치적 영향력을 찾지 않는 유럽 신학을 비판한다. 유럽이 계몽사상 이후 발생한 세속화라 불리는 탈교회 현상에 안주하고, 신앙을 사적 영역에 두고 그 개념에 안주하였다고 해방신학은 비판한다. 해방신학은 대부분 제3세계의 신학이며, 이 신학자들은 억눌린 자와 제1세계의 경제 성장에 희생당한 제3세계 국가들을 대변하고자 한다. 그들은 자유 시장 경제에 희생된 약자들의 집단을 대변한다.

오늘날 해방신학들과 제3세계 신학들은, 유럽 신학들이 소비사회의 신자유주의를 인정하고 자유의 개념을 부르주아적 개인 해방으로 이해한다고 이의를 제기한다. 유럽의 신학들은 세속으로서의 현대 세계에 대하여 신학적 정당성을 부여하는 경향이 있다. 또한 그 신학은 기술적 합리성을 추구하고 성장하기 위해서라면, 비인간화의 위험을 포함한 어떤 희생도 감수해야 한다고 믿는 경향이 있다. 라틴 아메리카의 해방 신학들은 구원을 순수 영적이고 종말론적인 것으로만 생각하고, 현세를 외면하고 실제 역사에 무관심하게 만드는 비관주의를 거부한다. 그들은 세속의 자율성을 인정하고, 신앙적 전망과 영향력을 추구하지 않는 개인주의적 낙관주의도 거부한다.

제3세계의 신학자들은 성장하지 못하고 후진성을 면치 못한 모든 이와 제1세계의 성장에 희생된 모든 이의 대변인이 되고자 한다. 그리스도 신앙의 메시아적 차원을 강조하면서, 제3세계의 해방 신학자들은 억압은 역사적 숙명이 아니라, 잘못 행사된 인간 자유의 결과라는 사실을 천명한다. 이것은 이스라엘의 예언자들이 이미 부르짖은 바다.

이스라엘의 메시아사상에 비하면 예수의 메시아사상은 역설적이다. 예수는 유대교의 메시아사상이 지상적 실현을 목표로 하는 것을 거부하였다. 그러나 십자가를 통한 예수의 메시아사상은 순수하게 영적인 것도 아니다. 억압되고 소외된 모든 이를 위한 역사적 해방의 노력은 하느님의 생명을 살기 위해 노력하는 인간에게 필요 불가결한 것이다. 따라서 인류 역사와 하느님의 나라를 연결할 매듭을 찾아야 한다. 그리스도인들과 선한 뜻을 가진 모든 이들의 노력으로 현재의 역사는 도래하는 정의와 평화가 실현되는 하느님 나라의 전조가 될 것이다.

세상의 역사적 과정에 대해 교회의 책임성을 강조하는 해방신학은 혁명적 이데올로기로 전락할 위험을 안고 있다. 이런 이유에서 해방신학은 현현의 신비를 존중하는 신학으로부터 자극과 격려를 받아야 한다. 이 점에 있어서 유럽에서는, 특히 베를린 장벽이 무너진 후로 서구 신학은 교회의 윤리적이고 정치적 책임성만을 강조하지 않고, 무상으로 베풀어진 하느님의 신비에 대한 새로운 각성을 일으키고 있다.

정치신학과 해방신학은 자유를, 특히 노동에 대한 인간의 권리를 매우 강조한다. 그러나 오늘날 신학은 모든 피조물을 존중할 줄 알아야 한다. 자연을 존중하고 생태계를 보존하자는 환경신학이 있다. 이 신학은 창조의 협력자이며 보존자인 인간에 대한 신학일 뿐만 아니라, 창조가 하느님 신비의 현현이며 찬양이라는 창조의 신학이 되어야 할 것이다. 이 신학은 창조에 대해 낙관적이고 축제적인 시선을 갖게 하고 무상성을 깨닫는 현장으로서의 자연이라는 사실을 알게 할 것이다.

신학의 이런 생태학적 동향은 인간의 생명만을 존중하는 것이 아니라, 모든 생명과 자연을 존중하는 아시아의 큰 지혜에서 영향을 받았다. 지나치게 인간 중심적인 유럽 신학은 인간과 자연의 유기적 관계를 특별히 강조하며 인간의 생명이건 비인간적인 생명이건, 모든 생명을 절대적으로 존중하는 아시아의 큰 종교들의 가르침에 귀를 기울여야 할 것이다.

6. 종교 신학

'비그리스도 종교 신학'이라는 부정적 표현을 피하고 세계의 모든 종교들에 대한 신학이라는 의미에서 '세계 종교 신학'이라고 말해야 할 것이다. 그리스도 교회들의 일치 운동은 그리스도 신앙을 가진 모든 교파들에 관계된다. 종교 신학은 범세계적이며 모든 종교에 대한 신학적 이해를 시도하는 학문이다. 종교 신학은 종교들 상호 간의 대화를 용이하게 한다. 이런 모색은 인류 문화사상 새로운 현상이다. 19세기 말부터 20세기 초엽까지 유럽 신학의 지평에는 무신론과 종교적 무관심이 있었다. 오늘 유럽과 그 밖의 대륙에서 신학의 관심은 인간이 지닌 종교성의 회복에 있다. 이 문제는 오늘 비그리스도 종교들도 함께 당면하고 있는 문제다.

유럽 문명이 절대적 우위에 있을 때, 유럽 각국은 식민지를 확장하였고, 교회들은 그 그늘에서 제국주의식의 선교에 전념하였다. 그 시기에 교회는 세계 종교들의 미래에 대해 비관적이었고, 그들에 대해 부정적 판단을 하였었다. 그러나 오늘날 아프리카와 아시아에서 이슬람교와 힌두교 및 불교의 현황을 볼 때 신학은 새로운 과제를 안게 되었다. 이런 종교들은 그 발상지에서 현재 지배력을 유지할 뿐 아니라, 유럽과 미국에서도 이민자들을 중심으로 이입(移入)되어 뿌리를 내려가고 있다. 과거에는 유럽의 그리스도 신앙을 비유럽 지대에 전파하였으나, 이제는 비유럽 대륙의 종교들이 유럽 문화권으로 유입되고 있다. 비유럽의 대종교들이 지닌 활력은 유럽의 그리스도 교회들에게는 큰 충격이었다.

제2차 바티칸공의회의 '비그리스도교에 관한 선언'은 세계 종교들에 대한 교회의 의식이 변하였음을 공포한 것이다. 제2차 바티칸공의회 이전 교도권의 문헌에서는 세계 종교들에 대한 긍정적 언급을 전혀 볼 수 없었다. 제2차 바티칸공의회는 종교의 모든 것을 긍정적으로 보지 않고, 신에 대한 표현을 비롯하여 윤리적 문제들에 대한 표현에는 문제가 있지만, 이 종교들은 긍정적 가치를 지닌다고 말한다. 공의회는 이 종교들을 복음의 예비 단계로 평가하면서 긍정적으로 판단한다. 공의회는 타종교에 대해 교부들이 사용한 '말씀의 씨앗 신학'이라는 표현을 새롭게 사용하면서 '진리의 씨앗', '선의 씨앗', '성덕의 씨앗' 등이 이스라엘과 타종교들 안에 산재(散在)해 있다고 말한다.

신학이 해석학적 작업이 되면서 종교 신학이 비로소 가능하게 되었다. 종교 신학은 하느님이 베푸시는 다양한 구원의 길에 대한 해석 작업이다. 종교 신학은 타종교들이 반드시 악한 영의 산물이 아니라, 구원적 가치를 지니고 있다는 사실을 인정한다. 동시에 구원을 위해 예수 그리스도의 역할이 유일하다는 사실과 예수 그리스도로 말미암은 그리스도 신앙의 유일성이 훼손되지 않아야 한다는 사실을 알고 있다. 그리스도 신앙의 독자성을 보존하면서 동시에 타종교와 대화의 자세를 갖는 교회의 과제는 이제 시도 단계에 있다.

제2차 바티칸공의회 이후 교회의 교도권은 타종교들이 긍정적 가치를 가질 수 있다는 사실을 인정하면서 동시에 선교의 필요성을 강조한다. 이 둘은 서로 모순되지 않는다. 1986년 아시시에서의 종교 지도자들 간의 만남 이후 요한 바오로 2세 교황의 담화와 1990년의 회칙 '교회의 선교 사명'은 이런 사실을 확인하고 있다.

이 두 가지의 과제가 어떻게 조화를 이루게 할 것인

가? 이것이 오늘날 선교 신학의 과제다. 타종교인들의 구원이 교회의 선교 활동과 증언에 달려 있지 않으며, 하느님의 구원은 신비이며 섭리라는 사실을 인정해야 한다. 그리고 교회에는 선교 사명이 엄연히 주어져 있다는 사실도 잊지 말아야 한다. 그러나 선교라는 미명하에 타종교들 안에 있는 하느님의 구원 행업을 존중하지 않고, 그들 종교가 소중히 생각하는 언어를 외면하면, 교회의 선교는 정당화될 수 없다. 타종교인들이 개종할 경우 그들이 많은 희생을 치르게 하는 일도 교회의 선교 정신에 위배된다는 사실을 염두에 두어야 한다.

종교 다원 현상에 대해 생각할 때, 그리스도 신앙의 보편성은 그리스도의 신비가 지닌 보편성과는 차원이 다르다는 사실을 생각해야 한다. 그리스도 신앙은 역사 속에 우발적으로 발생하였다. 그러나 그리스도의 신비는 타종교들이 긍정하는 것들 안에 신비스럽게 현존하고 있다. 그리스도 신앙은 여러 종교들 중 하나이며 역사 속에서 발생한 종교로서, 하느님의 신비와 인간과 하느님과의 관계에 관한 진리를 총체적으로 보유하고 있다고 주장할 수 없다. 그러나 그리스도 신앙은 예수 그리스도를 통하여 하느님이 어떤 분인지를 알고 있으며, 하느님의 생명을 살아서 하느님의 자녀가 된, 인간의 모습을 알고 있다. 그리스도 신앙은 이것을 결정적 계시라고 부른다.

유럽 신학이 많이 조명한 분야는 종교 그 자체에 대한 학문적 접근이다. 포이어바흐(L.A.Feuerbach) 이후 유럽 신학이 계속 염두에 두어야 했던 것은 종교에 대한 무신론적 비판이었다. 유럽 신학의 호교론은 여기에서 유래한다. 그러나 오늘날 유럽 신학이 받고 있는 새로운 도전은 신앙과 종교의 다원성이다.

종교 신학은 아직 미숙한 단계에 있긴 하지만, 그리스도 신앙이 말하는 구원의 보편성에 대한 전통적 통념에 근본적 물음을 제기한다. 그리스도교 신학은 이제 유럽 중심주의를 탈피하여 인류의 큰 종교 전통들과의 만남에서 발생하는 신학들에 귀를 기울여야 한다.

예수 그리스도 사건의 유일성에 대해 양보하지 않으면서, 구원의 길인 타종교들을 어떻게 존중하며 수용할 것인가? 비유럽 문화에서 나타나는 신학자들은 유럽 그리스도 신학의 제국주의적이고 보편주의적 고지식함을 비판한다. 그리스도 신앙은 자기중심적으로 모든 종교들을 보아왔다는 것이다. 그것은 지구 중심의 프톨레마이오스적 회전과 같은 것이었다. 그러나 오늘은 하느님을 중심으로 그리스도 신앙을 포함해서 모든 종교들이 회전하는

코페르니쿠스적 변환을 일으켜야 한다는 것이다.[26]

오랫동안 그리스도 신앙은 유럽의 문화와 동일시되었다. 그러나 이제는 토착화의 새로운 도전들이 있다. 이제 그리스도 신앙으로 말미암은 우연적이고 역사적인 모습들을 그리스도 신앙의 본질과 구별하여 볼 줄 알아야 한다. 역사성을 지닌 종교다. 그리스도 신앙의 보편성과 하느님과 인류 사이의 유일한 중개자로서의 보편성을 구별할 수 있어야 한다. 이런 관점에서 세계의 큰 종교들에 대한 가장 올바른 인식은, 그리스도 신앙이 증언하는 독창적 진리가 종교 전통들이 보전하고 있는 다른 진리들에 비해 포괄적이거나 적어도 배타적이 아니라는 사실을 깨닫는 데에 있다.

나오면서

우리는 현재 교회 안에서 다원적 문화 시대를 살고 있다. 북아메리카를 포함한 유럽 신학 외에 라틴 아메리카 신학, 흑인 신학, 아프리카 신학, 아시아 신학, 제3세계

26 John Hick, "The Non absoluteness of Christianity", in John Hick and Paul Knitter, *The Myth of Christian Uniqueness*, New York(1987).

신학과 같은 새로운 신학들이 있다는 사실은 다행스러운 일이다. 우리는 세계 신학 내에서 개별 신학들의 상호 의존성이 필연적이라는 것도 생각해 보았다.

18세기 계몽주의 시대 이후 유럽 신학은 이성적 비판 기능을 강조하여 왔다. 윤리적이고 감상적인 직관주의에 대한 비판이 요구되었기 때문이다. 이런 이유 때문에 유럽 신학은 성서와 교회 전통에 대한 해석학적 신학에서 앞서 가고 있다.

흔히 유럽 신학을 개념적이고 사변적이라고 말하고, 비유럽 신학과 제3세계 신학을 체험과 증언의 신학이라고 말한다. 체험과 증언의 신학도 존중해야 하지만, 신앙의 체험을 언어로 진술해야 하기 때문에 개념적 신학은 다른 신학에 도움을 줄 수 있을 것이다. 신학은 설교나 증언과 같이 단순한 진술이 아니라 제2단계의 진술이다. 유럽 신학은 새로운 문화권 속에서 발생하는 제3세계의 신학자들의 체험을 개념적으로 정립하는 데 봉사할 수 있을 것이다. 오늘날 신앙에 대한 이해로서의 신학이 그 의미를 잃고, 단순한 외침이 되지 않게 하기 위해서 유럽 신학의 개념화 작업을 주목할 필요가 있다.

현재 우리는 세계화와 기술 문명의 보편화 시대를 살고 있다. 제3천년기의 인간은 삶의 환경을 지배하는 과학 지식의 응용에 따라 조정되고 변화될 것이다. 유럽에서는 과학과 기술의 발전이 종교의 기능을 불모화하는 세속화 현상을 유발하였다. 인간의 자유를 억압하면서 인간의 구원을 말할 수 없는 세상이 되었다. 유럽의 세속화에는 인간 자유에 대한 교회의 불감증이 어떤 역할을 한 것으로 보인다.

오늘날 사람들은 모두가 평등하다고 생각하며, 신분이 아니라 인간의 실효성을 중요하게 여긴다. 모든 직책에는 임기가 있어 인간의 실효성을 충분히 활용하고, 중지를 모아서 업무를 위임한다. 하지만 교회는 아직도 신분사회의 잔재를 벗어나지 못하고 있다. '믿어야 한다', '지켜야 한다', '바쳐야 한다'라는 신앙언어는 극복되어야 할 것이다. 오늘날 사람들은 믿을만 해야 믿고 스스로 실천할 동기가 있으면 관대하게 실천한다. 각자 자기 스스로 실천 동기를 부여하는 신앙언어가 되어야 할 것이다.

콕스(H.Cox)의 다음과 같은 말은 모든 종교들의 미래를 위해 시사하는 바가 크다. "우리는 이제 종교 전통들을 우리가 누구인지를 말해 주는 무류(無謬)의 권위가 아니라, 오로지 필요할 때 선별적으로 돌아가 우리가 원하는 사람이 되는 데 도움을 얻기 위한 자원 정도로 생각하고 있다. 이것은 환영해야 할 이득일 수 있다. 그러나 이것은 대담한 과제로서 이전 어느 때도 이루어본 적이 없는 것이기도 하다."[27]

27 하비 콕스, 『예수 하버드에 오다』, 오강남 옮김, 문예출판사(2004), 77쪽.

제5장

교의언어의 해석학적 성격

들어가면서

오늘 교의신학(教義神學)은 하느님으로 말미암아 발생한 언어에 대한 해석학(解釋學)으로 이해된다. 역사의 각 시점에 교의신학은 신앙언어를 이해할 수 있게, 또 호소력 있게 만드는 사명을 띠고 있다. 교의신학이 발생시킨 언어는 교회의 신앙을 위해 규범적 역할을 한다. 그러나 그 언어는 과거의 것을 단순히 반복만 하는 데서 발생하지 않는다. 교의신학의 언어는 새로운 역사적 상황 앞에서 주어진 신앙의 유산과 대화를 하면서 끊임없이 현실화되어야 한다. 그 언어는 역사적으로 또 문화적으로 이질감(異質感)을 주지 않으면서 인간의 새로운 결단을 요구하는 언어가 되어야 한다. 따라서 신학은 과거의 언어들을 바탕으로 하는 새로운 언어 활동이다. 과거의 신앙언어라는 것은 신약과 구약성서를 비롯하여 역사 안에 신앙을 표현하기 위해 발생한 모든 언어를 의미한다.

신학은 그 초기부터 많은 형태의 언어를 발생시켰다. 교부들은 그 시대 그리스 철학을 배경으로 성서를 해석하였고, 중세 신학자들은 아리스토텔레스의 철학을 기반으로 조직신학을 구축하였다. 개신교 학자들은 그 발생단계부터 그 시대 스콜라 신학의 변증법을 거슬러 성서만을 중요시하는 언어를 발생시켰다.

제2차 바티칸공의회(1961-1965) 이전까지 사용된 신학교의 신학 교과서에 나타나는 교의신학은 3단계로 된 논리였다. 먼저 신앙의 명제(命題)를 제시한다. 그리고 성서와 교부들과 신학자들을 인용하여 그 명제가 옳다는 사실을 증명한다. 그리고 아리스토텔레스의 철학적 범주들을 사용하여 그 명제에 대해 이론적 추리를 전개한다. 여기서 제시되는 명제는 항상 교회 교도권(教導權)이 가르치는 것이고, 그것을 정당화하기 위해 신학은 과거의 모든 신앙문서들에서 취사선택한다. 이것도 하나의 해석이라고 할 수 있지만, 어디까지나 그 명제에 상반되는 의견을 제거하는 것을 목적으로 한 해석이었다.

이런 신학에서 교의신학은 교회의 기득권자들이 이해하고 가르치는 교의를 충실히 해석하는 것을 목적으로 하였다. 성서와 다른 문서들은 그 명제들을 정당화하는 데에 동원되었다. 토마스 아퀴나스(Thomas Aquinas)는 공의회, 신학자들, 주교들이 만든 신앙의 명제들일지라도 계시 사건 안에 나타나는 하느님 진리의 표현과 일치하지 않으면, 모두 참되지 않다고 말한다.[28] 그러나 트리엔트 공의회(1545–1563) 이후 스콜라 신학은 신앙 명제의 진위는 오로지 교도권의 권위에 달린 것같이 가르쳤다. 여기서 교도권의 권위는 성서의 권위를 대신하는 것 같았다. 이런 권위주의적 신학은 성서, 교부, 교도권의 가르침 사이에 일관된 발전이 있다고 주장한다.[29]

제2차 바티칸공의회(1961–1965) 이후부터 폐쇄적이고 권위주의적인 교의신학은 무너졌다. 이제 교의신학은 해석학적 형태로 변하였다. 교의신학은 계시된 진리도 그것이 역사성을 지닌다는 사실을 알고 있으며, 해석하는 주체인 인간의 역사성도 진지하게 고려한다. 따라서 오늘의 교의신학은 그리스도 신앙언어가 지닌 오늘을 위한 의미를 찾는다.

---

28 Cl.Geffré, *Le christisme au risque de l'interprétation*, Paris(1983), p.68 참조.

29 『가톨릭교회 교리서』, 한국천주교중앙협의회(1997), 2034–2036항 참조.

해석학적 신학의 출발점은 불변하는 신앙 명제들이 아니라, 예수 그리스도 사건으로 말미암아 발생한 다양한 문서들에 대한 해석이다. 예수 그리스도 사건을 증언하는 첫 문서들도 초기 그리스도 신앙 공동체가 해석하여 기록으로 남긴 것이다. 이 첫 문서들은 역사적 상황이 달라지자 새로운 문서들을 발생시켰다. 이 새로운 문서들은 그리스도 신앙의 근본 체험과 상황이 달라진 역사적 체험을 혼합해서 증언한다. 그리스도 신앙은 이런 언어들 속에 성령의 일하심을 본다. 해석학적 신학은 전통이 증언하는 그리스도 신앙의 근본 체험과 오늘의 인간 체험을 비판적 관계 속에 놓고 해석하여, 오늘을 위한 예수 그리스도 사건을 발생시키는 데에 그 사명이 있다.

해석학적 신학이 지향하는 신앙 이해는 과거의 언어를 역사적으로 비평하여 이해하고, 그 이해에 비추어 자신의 삶 속에 해석하여 미래를 향한 창조적 실현을 모색하는 데 있다. 해석학적 신학이 대하는 문서에는 그것에 선행하면서 정초(定礎)하는 사건이 있다는 의미에서, 신학은 먼저 기억(anamnesis)이라고 말하겠다. 그러나 동시에 이 신학은 새로운 텍스트와 새로운 역사적 모습들을 만들어 내면서, 문서가 기억하게 하는 정초하는 사건을 현재의 사건으로 현실화한다. 그런 의미에서 이 신학은 예언적이라고 말하겠다. 다른 역사적 상황 속에 하느님의 말씀을 발생시킨다는 의미다. 이렇게 하여 신학은 전통을 구성하며, 창조적 충실함이라는 자기의 사명을 수행한다.

해석학적 신학은 과거와 같이 가톨릭 신앙의 불변하는 교의가 성서, 교부(敎父)들의 저서, 신학 전통과 조화를 이룬다고 말하지 않는다. 해석학적 신학은 현재를 위해 하느님 말씀의 의미를 나타내려 한다. 해석학적 신학은 신앙의 자료를 역사적으로 찾는 실증적(實證的) 신학과 그것을 합리적으로 설명하는 추리적(推理的) 신학이 서로 다르다고 생각하지 않는다. 해석학적 신학은 항상 텍스트를 대상으로 하며, 그 텍스트의 오늘을 위한 의미를 판독하고, 그것을 새로운 언어로 표현한다.

해석학적 신학은 모든 신학의 특권적 장(場)인 성서와 전통을 끊임없이 순환한다. 성서는 교회 안에 발생한 모든 언어에 대해 최종적 권위를 갖지만, 해석학적 신학은 신앙언어를 위한 성서의 특권적 위치를 인정하면서, 교의와의 해석학적 순환을 존중한다. 여기에서 그리스도 신앙 메시지의 새로운 이해가 발생한다. 해석학적 신학은 과거의 교의 명제들이 만들어진 역사적 여건을 이해하고, 또한 현대 성서학이 제공하는 성서 독서 방법으로 교의적 명제들을 비평하여 재해석하기를 꺼리지 않는다.

1. 신학의 대상인 텍스트

신학의 대상은 텍스트가 반영하는 의미 충만한 말씀도 아니고, 역사적 사실로서의 사건도 아니다. 신학이 대상으로 하는 것은 과거의 해석으로 발생한 언어가 담긴 텍스트다. 그것은 과거 한 시대가 해석한 것을 그 시대의 이해의 망(網), 즉 언어 체계와 더불어 담고 있다.

텍스트는 나를 위해 계시적 역할을 하는 어떤 형태의 세계로 나를 인도한다. 신학은 그리스도 신앙의 진리를 과거 전통의 어느 한 순간의 것과 동일시하지 않는다. 신앙의 진리는 신약성서의 자구(字句)와도 동일하지 않다. 진리는 신약성서의 언어와 일치하지 않고, 현재가 발생시킨 언어와도 동일하지 않다. 성서적 진술과 그 진술이 발생한 사회 문화적 맥락, 이 둘 사이의 관계는 신앙에 대한 오늘의 언설(言說)과 우리의 문화적 상황이 갖는 관계와 근본적으로 동일하다.

텍스트와 텍스트가 열어주는 세계를 중요시하면, 신학을 위해 다음과 같은 결과가 초래된다.

1) 신학의 직접적 대상은 내가 이해해야 하는 일련의 명제들이 아니라, 계시로 말미암아 열린 해석학적 장(場)

에 들어 있는 모든 텍스트들이다. 따라서 신앙의 이해는 주체가 명제들을 객체로 삼아 추리하여 얻는 것이 아니라, 주체가 텍스트가 열어주는 세계 속으로 들어가서 하는 새로운 이해다.

2) 신학은 하느님에 대해 말할 때 텍스트가 지닌 언어의 고유한 구조를 존중한다.[30] 텍스트들이 말하는 바를 즉시 하나의 명제나 법으로 전락시키지 않는다. 신앙고백은 그것을 표현하는 언어의 구조와 밀접히 연결되어 있다. 따라서 하느님에 대한 이스라엘의 신앙고백이 지닌 여러 가지 형태(이야기, 예언, 율법, 지혜 등)를 단순히 문학 유형의 차이에서 기인하는 것으로만 취급하지 말아야 한다. 하느님의 이름은 여러 가지다. 그와 마찬가지로 문학 유형들은 다양한 신학을 전제하고 있다.

3) 성서를 저술한 사람이 부여한 의미를 찾아서 그것을 하느님이 부여하신 의미라고 말할 수 없다. 해석학적 신학은 텍스트가 펼쳐 보이는 것을 보기 위해 노력한다. 신학이 텍스트를 소중히 생각하는 것은 그것이 하느님이 구술(口述)하여 기록한 것이기 때문이 아니라, 그것이 우

30 예컨대 예수가 세례 받았다는 복음서들의 이야기를 근거로, 예수는 죄가 없는데도 겸손을 보여주기 위해 세례자 요한으로부터 세례를 받았다는 해석은 복음 텍스트의 구조를 존중하지 않은 것이다. 예수는 세례자 요한의 세례 운동에 가담했던 것이다. 마태 19,1-9를 근거로 결혼의 불가해소법을 설명하는 것도 텍스트의 구조를 존중하지 않은 하나의 예다.

리 앞에 새로운 존재 양식을 펼쳐 보이기 때문이다.

4) 영감(靈感)은 텍스트 뒤에 감춰진 하느님의 소리나 힘이 아니다. 영감은 고백하고 텍스트를 발생시킨 공동체의 신앙과 연결된 것으로 이해해야 한다. 영감의 문제를 밝히기 위해서는 성서와 초기교회의 유대를 생각해야 한다. 하느님을 성서의 저자라고 말하는 것은 하느님이 초기 신앙 공동체의 신앙 체험을 제공했기 때문이다. 하느님은 공동체를 모으고 신앙을 주었으며, 이 신앙이 성서 안에 표현되고 객관화되어 문서가 된 것이다.

현대 교의신학의 해석학적 변화는 계시에 대해 새롭게 생각하게 만들었다. 비교하여 설명하면, 시적(詩的) 텍스트가 일상 언어의 묘사적 기능을 능가하여 그 텍스트가 열어주는 어떤 세계로 독자를 인도하듯이, 성서 텍스트는 우리를 새로운 실존으로 인도한다. 그런 의미에서 텍스트는 우리를 위한 계시를 지니고 있다고 말한다. 그 텍스트로 말미암아 인간은 새로운 삶을 산다. 순수 자연적 자아가 텍스트로 말미암아 열리는 새로운 실존으로 확장하는 것이다. 마치 시를 읽은 사람이 그 시가 펼쳐 보이는 세계에 들어가서 새로운 실존을 발견하는 것과 같다. 성서 텍스트의 경우, 독자가 텍스트를 체현(體現)하는 것은 자기에 대한 새로운 이해와 일치하고, 또한 실존의 새로운 가능성과 새로운 세계를 존재하게 하겠다는 의지와도 일치한다. 개인적 전향(轉向)과 윤리적이고 사회적인 새로운 실천이 발생하지 않으면 계시도 없는 것이다.

2. 전통과 생성(生成): 족보(族譜)로서의 신앙언어[31]

텍스트의 세계를 중심적 범주로 생각하는 해석학적 신학은 전통을 텍스트 해석의 역사로 본다. 그리스도 신앙은 항상 과거의 것을 가지고 산다. 그러나 성서 텍스트와 원초적 진리를 동일시할 수 없듯이, 전통도 고정된 것으로 생각하지 말아야 한다. 전통이라고 말할 때, 모든 시대를 위해 유효하고 고정된 것을 전달하는 전통이라고 생각하지 말아야 한다. 전통과 생성은 상반되지 않는다. 텍스트의 세계로 들어가서 그 안에 나타나는 실존을 체현(體現)하는 것은 언어 질서 속에 새로운 생성과 새로운 실천을 발생시킨다.

해석학적 교의신학은 정초하는 텍스트와 그것의 역사

31 P.Gisel, "Vérité et tradition historique", in *Initiation à la pratique de la théologie*, t.1(1987), pp.143–159 참조.

성을 진지하게 생각한다는 의미에서 창조적이다. 서로 다르고 차이가 있는 것을 중요시하면서 사는 법을 배워야 한다. 텍스트의 자율성을 진지하게 생각하는 사람은 텍스트가 기원적 언어를 반영하는 것에 불과하다고만 생각하지 않을 것이다. 또한 텍스트의 저자가 말하고자 한 것을 그 시대로 돌아가서 알아듣기 위해 노력할 것이다. 텍스트를 넘어서 자명한 말씀에 이르는 것이 아니다. 텍스트는 그 자체로 하나의 세계를 열어 보이고, 그 세계가 오늘을 위한 창조적 작업의 조건이다.

신학은 그 기원에 정초하는 사건으로 예수 그리스도라는 사건을 필연적으로 가졌다. 그러나 신약성서는 이 사건을 증언하면서 그 사건이 지닌 충만하고 결정적인 의미를 직접적으로 전달하지 않는다. 주어진 텍스트는 이미 하나의 해석을 담고 있다. 텍스트와 우리 사이의 거리는 장애가 아니라, 오늘 우리가 오늘을 위한 새로운 창조적 해석을 하는 조건으로 있다. 거리가 있기에 새로움이 있다. 신약성서가 초기 신앙 공동체 안에서 수행한 역할은 오늘 우리가 만들어 내는 새로운 텍스트들이 우리 사회와 문화 안에서 하는 역할과 유사하다. 신학은 과거에 표현된 말씀을 알아듣는 데만 그 사명이 있지 않고, 새로운 텍스트, 새로운 실천, 새로운 제도를 만들어 내는 데에 그 사명이 있다. 여기서 그리스도 신앙 전통을 구성하는 지속성과 단절의 변증법을 잘 알아들어야 한다. 우리는 기원으로 시선을 돌리면서, 과거의 사실 혹은 과거의 세계로 돌아가지 않는다. 우리가 과거를 기억하여 얻는 것은 그대로 그것을 반복하기 위해서가 아니라, 우리가 현재 창조적으로 재현해야 하는 놀이[32]를 위한 것이다.

해석학적 작업을 하는 것은 새로운 해석을 창조하는 것이고, 다른 시대 및 다른 장소를 위해 그리스도 신앙의 새로운 역사적 언어와 모습을 만드는 것이다. 해석학적 신학은 진리가 기원에 충만하게 있었다고 생각하지 않고, 어느 시기의 모습이 진리 자체라고 생각하지도 않는다. 진리는 생성되어 가는 과정에 있다. 역사적 진리는 항구한 도래(到來)다. 이것은 성서가 말하는 종말론적 실재로서의 진리를 의미한다. 그리스도 신앙은 주어진 하나의 기원(起源)을 산다는 의미에서 전통이다. 그러나 그 기원은 역사적으로만, 또 창조적 해석을 통해서만 다시 표현될 수 있기에 필연적으로 하나의 창출(創出)이다. 신학적 진술은 니체(F.Nietzsche)가 말한 족보와 같다.[33] 신학

32 신앙도 하나의 놀이라 부를 수 있다. 일련의 행동방식이 요구된다는 의미이고 그 실천은 반복하면서 더 숙련되고 깊이를 가진다는 뜻이다.

33 *Histoire de la Philosophie III, Encyclopédie de la Pléiade*, Paris(1974), pp.325–335 참조.

은 기원과 역사적 생성을 동시에 말해야 하기 때문이다.

3. 그리스도론

3. 1. 하나의 운동에서 발생한 언어[34]

예수 그리스도 사건에 대해 우리가 지닌 유일한 지식은 초기 그리스도 신앙인들이 그들 지역 공동체 안에서 그들이 한 체험을 우리에게 전달한 것이다. 그들은 성령이 오셔서 그들 안에 발생하게 한 새로운 삶에 대해 민감하였다.[35] 따라서 예수를 중심으로 일어난 원시 그리스도 신앙의 놀이가 그리스도론의 시발점이다. 우리는 이 운동을 외면하고 '나자렛 사람 예수'에 대해 알 길이 없다. 예수의 제자들과 전혀 다르게 예수를 인식한 사람들도 있다. 유대교 기득권층을 중심으로 한 사람들이다. 그들

---

34 서공석, '오늘의 그리스도론', 『한국 가톨릭 교회 이대로 좋은가?』 II, 분도출판사(1999), 75–91쪽 참조.

35 "과연 그분의 충만함에서 우리는 모두 은총에 은총을 받았다. 사실 율법은 모세로 말미암아 주어졌지만 은총과 진리는 예수 그리스도로 말미암아 비롯되었다."(요한 1,16–17) 요한은 대답하여 이렇게 말했다. "나는 물로 세례를 베풉니다. 그러나 당신들이 알지 못하는 분이 당신들 가운데 서 계십니다. 그분은 내 뒤에 오시는 분이지만 나는 그분의 신발 끈을 풀어 드리기에도 합당치 못합니다."(요한 1,26–27)

은 예수를 죽였다. 예수에 대해 연구하는 역사가는 한편으로 예수를 조건 없이 따르던 제자들의 믿음과, 다른 한편으로 예수의 생명을 빼앗기까지 한 유대교 기득권층의 불신이라는 두 가지 현상을 만난다. 그리고 이 극단적으로 상반된 반응을 일으킨 예수를 보게 된다.

로마 사람들이 그들의 점령지에서 일어날 수 있는 정치적 소요를 두려워한 나머지, 예수를 십자가에 못 박았다는 사실은 인류 역사 속에 항상 있어온 불의함을 상기시킨다. 유대교 당국의 권력자들이 로마인들에게 예수를 넘겨주어 죽이게 한 사실은 유대인들의 눈에 예수는 유대교에 대해 비유대적으로 행동하였다는 사실을 암시한다. 예수가 메시아라고 주장했다는 이유만으로 유대교 당국이 예수를 죽이지는 않았을 것이다. 그 시대에 스스로 메시아라고 주장한 사람들은 많았고, 유대교는 그들을 모두 죽이지는 않았다. 다른 한편으로는 제자들이 있다. 그들은 예수를 따랐고 그에게 전적으로 응답한 사람들이다. 그들은 예수가 사형 집행된 다음, 자신의 체험을 그 시대 유대인과 이교도들의 종교적 언어로 표현할 수 밖에 없었다. 사람의 아들, 종말론적 예언자, 메시아, 그리스도, 하느님의 아들(유대교와 헬레니즘의 의미), 주님 등의 호칭이 그렇게 발생하였다.

따라서 이 호칭들은 상대적 성격을 지닌다. 중요한 것은 신앙인들이 그들이 함께한 체험을 그들의 종교적, 문화적 환경이 제공하는 가장 고상한 호칭들을 택하여 표현하였다는 사실이다. 그들은 이 호칭들로써 그들이 과거와 현재에 예수와 더불어 한 체험을 표현한 것이다. 예수로 말미암은 그들의 체험이 중요하지, 그 호칭들 자체가 중요한 것은 아니었다. 성서에서도 이 호칭들은 변하기도 하고 사라지기도 한다. 공동체 안에 지속적으로 있는 것은 예수로 말미암은 구원에 대한 체험이다. 초기교회 공동체는 그 시대 사회적 여건에서 적합한 표현들, 곧 속량(贖良), 속죄(贖罪), 제물 봉헌, 노예해방, 화해 등을 가져다 쓰기도 한다. 이런 현상을 탈은폐(脫隱蔽) 체험 혹은 원체험(原體驗)이라 부른다. 이 체험은 계속해서 다른 표현들을 찾아낸다.

공동체의 체험에 영(靈)과 기억(記憶)은 둘이 아니라 하나의 실재로 체험된다. 신약성서는 이 사실을 다양하게 표현한다. 예를 들어, 사도행전 2장을 공관복음서 혹은 요한복음서와 비교해 보면, 사도행전이 묘사하는 부활 후 50일에 있었던 '오순절 사건'은 그리스도 신앙 집회가 수년 동안 경험한 성령에 대해 원인론적(原因論的) 서술을 하고 있음을 볼 수 있다.

요한복음서는 성령이 주어진 것을 역시 원인론적 서술을 통해서 부활 당일에다 갖다 둔다. 과거의 회상(기억) 속에 있는 예수와 현재 공동체가 살고 있는 성령은 내적으로 서로 연결되어 있다. 요한복음서는 영과 기억의 연결을 주제로 삼아 여러 번 설명한다.

> "협조자, 곧 아버지께서 내 이름으로 보내주실 성령께서 모든 것을 여러분에게 가르쳐주실 것이고 [내가] 여러분에게 말한 모든 것을 생각나게 해주실 것입니다."(14,26)

> "내가 아버지로부터 여러분에게 보낼 협조자, 곧 아버지로부터 나오는 진리의 영이 오시면 그분은 나에 관해 증언할 것입니다."(15,26)

> "그러나 진리의 영, 그분이 오시면 여러분을 모든 진리 안에 인도하실 것입니다. 사실, 그분은 자기 나름대로 말씀하시지 않고 자기가 듣게 될 일을 말씀하실 것이며 또한 앞으로 올 일도 여러분에게 알려주실 것입니다. 그분은 나를 영광스럽게 하실 것이니, 이는 내 것을 받아서 여러분에게 알려주시겠기 때문입

니다."(16,13-14)

그리스도 신앙 공동체의 성령 체험은 예수에 대한 기억과 내적으로 연결되어 있다. 성령으로 말미암아 발생하는 그들의 놀이 속에 예수가 살아 있다. 공동체가 신앙을 동기로 하는 현재의 체험과 예수라는 과거의 그분은 유기적으로 연결되어 있다. 공관복음서들 안에서 볼 수 있는 구조가 요한복음서에서는 더 명백하고, 더 의도적으로 표현된 것도 있다.

"예수께서 죽은 이들 가운데서 부활하신 후에야 제자들은 당신이 이렇게 말씀하시던 것을 상기하고 성경과, 예수께서 하신 말씀을 믿었다."(2,22)

"예수께서 대답하여 '진실히 진실히 당신에게 이릅니다. 누구든지 위로부터 새로 나지 않으면 하느님 나라를 볼 수 없습니다.' 하고 말씀하셨다."(3,3)

"진실한 예배자들이 영과 진리 안에서 아버지께 예배를 드리게 될 때가 오고 있으니 바로 지금입니다. 사실 아버지께서도 당신을 예배하는 이런 사람들

을 찾고 계십니다."(4,23)

"예수께서 그들에게 말씀하셨다. '내가 생명의 빵입니다. 내게로 오는 이는 결코 굶주리지 않을 것이고, 나를 믿는 이는 결코 목마르지 않을 것입니다."(6,35)

"예수께서는 다시 그들에게 말씀하셨다. '나는 세상의 빛입니다. 나를 따라오는 이는 어둠 속을 걷지 않고 오히려 생명의 빛을 얻을 것입니다."(8,12)

"우리는 나를 보내신 분의 일을 낮 동안에 해야 합니다. 밤이 올 터인데 그때에는 아무도 일할 수 없습니다."(9,4)

"기억해 내지 못합니까?"라는 표현은 요한복음서 밖에서도 자주 나온다.[36] 성찬은 예수를 기억하는 전례 행위다(루카 22,19; 1코린 11,24-25). 따라서 교회의 케리그마는 지상 예수의 말씀과 행위를 기억하면서 하는 일이었다. 미

36 마르 8,18-19; 마태 16,9; 마르 14,9; 마태 26,13; 루카 24,6-8; 사도 20,35; 2베드 1,12-15; 3,1-2.

사 강론을 복음서들 중심으로 해야 하는 이유가 여기에 있다. 복음서들은 예수의 말씀과 행위를 우리에게 상기시키는 특권적 문서들이다.

그리스도 신앙 공동체는, 그들이 한 체험에 대해 반성할 때 그 체험을 성령과 나자렛 사람 예수와 관련지어 생각했다. 그래서 그들과 성령의 관계는 그들이 갖는 예수와의 관계와 하나가 되어 보인다.

> "여러분이 나를 사랑하면 내 계명들을 지킬 것입니다. 나는 아버지께 청하겠습니다. 그러면 아버지께서는 다른 협조자를 여러분에게 붙여주실 것입니다. 그분은 영원히 여러분과 함께 계실 것입니다. 그분은 진리의 영이십니다. 세상은 그분을 본 적도 없고 알지도 못하기 때문에 그분을 받아들일 수가 없습니다. 그러나 여러분은 그분을 알고 있습니다. 그것은 그분이 여러분과 함께 머무시고 또 여러분 안에 계시기 때문입니다. 나는 여러분을 고아들처럼 버려두지는 않을 것이며, 여러분에게로 돌아옵니다. 이제 조금 있으면 세상은 나를 더 이상 보지 못하겠지만 여러분은 나를 보게 될 것입니다. 그것은 내가 살아 있고 여러분도 살 것이기 때문입니다. 그 날 여러분은 내가

내 아버지 안에 있고 여러분은 내 안에 있으며 나도 여러분 안에 있다는 것을 알게 될 것입니다. 내 계명들을 받들어 지키는 사람이야말로 나를 사랑하는 사람입니다. 나를 사랑하는 사람은 내 아버지로부터 사랑을 받게 될 것이고 나도 그를 사랑할 것이며 내 자신을 그에게 나타내 보이겠습니다."(요한 14,15-21)

그래서 바울로는 "주님은 영이십니다"(2코린 3,17)라고도 말한다. 공동체는 이 관계에 대한 체험을 예수에 대한 이야기와 케리그마, 찬송가, 신앙고백 등으로 남겼다.

예수를 직접 체험한 사람들의 공동체와 그들이 남긴 기억으로 예수를 따르게 된 사람들의 공동체가 표현한 것이 문자로 정착되어 신약성서가 되었다. 우리는 이 문서가 있기에 예수에 대한 초기교회의 체험에 접근할 수 있다. 신약성서는 우리가 나자렛 사람 예수에게 역사적으로 접근할 수 있게 해주는 가장 믿을 수 있는 자료다. 그래서 "보지 않고도 믿는 이들은 복됩니다."(요한 20,29)라는 말이 있다.

역사적 예수는 다가오는 하느님 나라에 대한 설교 요약서도 남기지 않았고, 자기 자신이 역사적으로 실천한 일과 가르침을 그대로 우리가 접할 수 있는 자료도 남기지 않았다. 예수가 남긴 것은 하나의 놀이다. 하느님의 새로운 백성이라고 생각하는 신앙인들이 일으키는 삶의 운동이다. 그것은 모든 사람이 동일한 원리를 살아서 하나의 백성이 되게 하는 종말론적 해방 운동이다.

3. 2. 그 언어의 역사성

역사학과 언어학은 우리가 지닌 예수에 대한 지식을 새롭게 평가하게 해주었다. 우리에게 전달된 언어가 문화적으로 또 사회적으로 이미 해석된 것임을 알게 해주었다. 따라서 그리스도 신앙언어는 나자렛의 예수하고만 관련이 있는 것이 아니다. 제자들이 예수에 대해 한 체험들이 신앙고백문, 전례, 신학 등의 형식으로 표현되었다. 그러나 그것은 표현되는 과정에서 시대적이고 지리적으로 제약된 인간 마음이 지닌 이해의 망, 곧 해석학적 장치에 따라 해석되었다. 로마서가 전하는 의화(義化) 개념, 루카복음서가 전하는 환희와 기도, 히브리서가 알리는 제사 의례 등을 예로 들 수 있다. 우리는 그것을 그 시대 특정 공동체가 지닌 인식의 망, 혹은 문화적 여건의 맥락이라고 표현한다. 신앙언어를 발생시킨 실재는 인간 역사 속에 있었다.

계시와 그것의 문화—역사적 표현은 분리되지 않는다. 그 시대에 통용되던 가정(假定), 기대, 이념 등이 모두 그 시대 이해의 망을 이루고 있으며, 그것을 통하여 계시가 주어지고 표현되었다. 그리스도 신앙을 포함하여 모든 종교에는 문화 역사적 요인들이 작용하고 있다는 사실을 알아야 한다. 따라서 흔히 주장하는 가치들의 절대성이라는 것도 많이 상대화해서 생각해야 한다. 그와 동시에 전통이라는 이름으로 강요되는 과거의 압력도 줄어들 것이다. 기쁜 소식이 케리그마, 교의, 신앙고백문, 신학 등 모든 문화적 표현들이 의미를 지니게 하는 조건이다. 초기교회부터 사람의 아들, 메시아, 그리스도, 하느님의 아들 등의 영광스런 호칭들은 그 시대의 문화적, 종교적 유산에서 유래한 것이다.[37]

그리스도 신앙을 한 시대의 가장 권위 있는 사람이 가장 올바르게 표현했다 하더라도 그것은 그 시대의 해석이지, 그것을 신앙과 동일시할 수는 없다. 신앙과 신앙언어 사이에는 종교적 문화에서 오는 마찰이 반드시 있다. 예수를 왕이라고 부른 것은 군림한다는 뜻이 아니라, 백

---

37 교회에서 사용되는 칭호들도 역사비평적 접근을 필요로 한다. 평신도의 '사제직', '예언직', '왕직'이라는 말들이 성직자들에 준한 평신도의 신분 상승을 의미하는 것으로 해석하지 말아야 한다. 그런 칭호는 본시 하느님의 백성이 역사 속에서 하는 역할을 지칭하는 것이다. 성직자 위주로 해석되던 칭호를 원상 복귀한 것이다.

성의 삶의 원리라는 뜻이다. 구원은 과거에는 위에서 주어지는 것이었지만, 오늘날 구원이라는 말은 우리 안에 일어난 어떤 변화를 의미한다. 과거에 자유는 방종에 가까운 의미를 지녔지만, 오늘날은 자유가 인간의 품위와 실천을 뜻한다. 과거와 현재의 문화적 감수성의 차이에서 일어난 변화다. 따라서 모든 신앙언어는 역사비평을 거쳐야 하고, 초기교회와 모든 시대 교회의 신앙언어들은 해석되어야 한다.

그 언어들을 발생시킨 시대에 통용되던 이념들을 판별하기 위해 사회학적 접근도 해야 한다. 과거 시대가 준 범주, 기대, 이념들을 비평하고 오늘의 신앙인을 위해 나자렛의 예수를 새로운 언어로 표현해야 한다. 모든 종교운동은 역사적, 문화적 과정 안에서 일어난다는 것을 생각해야 한다. 유럽 중세 사회에서는 '교회 밖에 구원 없다.'라는 말이 당연시되었지만, 오늘날 우리는 '역사 밖에 구원 없다.'라는 뜻으로 해석해야 한다. 세상과 시대를 등지면 등질수록, 하느님에게 가까이 있는 것이 아니다. "여러 가지 시중을 드느라 분주한" 마르타와 "주님의 발치에 앉아 그 말씀을 듣고 있는" 마리아의 이야기(루카 10,38-42)는 활동 수도자와 관상 수도자를 뜻하는 것이 아니다. 예수의 말씀을 들을 겨를 없이 여러 가지 일에 분주한 인간과 예수의 말씀을 듣는 사람에 대한 말씀이다.

초기 그리스도인들은 다양한 기원을 지닌 복합적인 전승 안에서 예수로 말미암은 구원을 발견하였다. 이 체험의 빛으로 그들은 구원의 실재를 그리스도, 사람의 아들, 주님 등으로 불렀다. 그들은 그들의 종교 문화 안에서 발견한 중요 개념들을 예수에게 적용하고, 그 개념들에 그리스도적 의미를 부여했다. 예수의 죽음 전과 죽음 후에 그들이 한 체험이 혼연일체가 되어 표상으로 발전한 것이다. 그들이 사용한 개념들은 이미 다른 의미를 지니고 있었기에 그대로 예수에게 적용할 수 없는 것들이었다. 초기 신앙인들은 예수 안에 구원의 최종적 성격을 보면서 그 개념들에다 예수의 지상 생애와 죽음에 대한 회상을 채워서 의도적으로 그 개념들의 의미를 개조했다. 따라서 신약성서가 예수에게 적용한 호칭들은 그것들이 본시 지니고 있던 의미가 아니라, 예수로 말미암아 개조된 의미로 사용되었다. 신앙인들은 예수 가운데서 최종적 구원을 보았고, 그들의 확신을 이런 방식으로 표현했다. 그들이 사용한 개념들은 과거의 것이지만, 그리스도론적 의미가 이미 부여된 것이었다.[38]

38 예를 들면, 히브리서의 멜기세덱(5,10; 7,11)은 창세기(14,18)에서 가져와 그리스도론적 의미를 부여받았다.

신앙의 근본 구조에는 어떤 긴장이 있다. 예수는 한 인간 개체로서, 변화하고 불확실한 상황 속에서 살았다. 이스라엘은 스스로 '하느님 백성'이며, 온 세상 사람들을 위해 하느님을 증언할 사명을 지녔다고 믿고 있었다. 예수는 이런 전통 속에서 살았다. 예수는 이 전통 속에 살면서 자기 위치에서 자기가 해야 할 몫이 있다고 생각했다. 예수는 '하느님의 백성'과 '하느님의 나라'에 대해 그 시대 여러 가지 해석이 있다는 사실을 알고 있다. 묵시문학적, 종말론적, 윤리적, 정치적, 바리사이적 해석 등이 그것이다. 이런 다양한 해석들 앞에 예수는 자기의 고유한 입장을 취했고, 그것이 그를 죽음에 이르게 했다. 그의 죽음은 그의 메시지와 삶의 방식에 대해 사람들을 회의적으로 만들었고, 그분의 특성은 모호함을 지니게 만들었다.

우리가 초기교회의 케리그마와 신앙고백적 표현들을 외면하고 자료를 순수 역사적으로만 연구하면, 위와 같은 결론에 이르게 된다. 따라서 초기 신앙인들이 예수에 대해 메시아, 사람의 아들, 주님, 하느님의 아들 등의 신앙언어를 사용한 것에 대해, 예수의 삶과 활동이 역사적으로 우연성을 지녔다는 사실을 인정하면서 그 언어들을 이해해야 한다. 예수는 한 인간이고, 역사적으로 모호함을 지닌 인간이며, 우리의 해석에 열려 있는 존재다. 그런 존재를 필연적 언어로 표현하려 하지 말아야 한다. 교회 역사 안에 있었던 공의회들의 그리스도론적 교의(敎義) 언어에도 필연성을 부여하지 말아야 한다. 올바른 믿음을 위해 그 시대가 필요로 했던 언어다.

이런 상황에서 예수가 말하고 행동한 것을 그 시대 사람들이 그 시대 언어로 표현했다. 이 언설들이 지닌 시대적 성격을 고려하지 않고, 그것들을 초역사적인 것인 양 절대화하지 말아야 한다. 신약성서는 그리스도론적 교의를 다양하게 말한다. 하느님의 나라와 그리스도 안에 주어진 구원을 표현하기 위해서도 다양한 양식들을 사용한다. 마르코복음서는 신현(神顯)의 양식을, 마태오복음서는 구약을 완성하는 자라는 양식을, 루카복음서는 하느님의 뜻을 이루는 경건하고 환희를 주는 존재라는 양식을, 요한복음서는 하느님의 유일한 아들이면서 이 세상의 죄를 없애는 인물이라는 양식을 사용한다. 이 양식의 다양함은 초시간적 필연적 이해를 하지 말라는 경고로 보인다. 초기교회 공동체에는 그들이 살던 문화적, 종교적 여건이 있었다. 원시 신앙고백문들과 케리그마의 언어 자체가 모호할 뿐 아니라, 신앙고백문 자체의 다양성이 '예수 현상'에 대한 인간 이해가 벌써 어떤 모호함과 불투명성을 지니고 있다는 사실을 입증한다.

이렇게 보면, 나자렛 예수에 대한 그리스도론적 믿음을 이해하기 위해서는 그 언어의 불투명성을 인정해야 한다. 한편으로는 '예수 현상'이라 불리는 예수의 인품, 메시지, 섬김, 죽음 등에 대한 다채로운 이야기들이 있다. 이것은 역사적으로 다양하게 해석될 수 있는 것들이다. 또 한편으로는 예수 시대 사람들이 사용하던 개념들로 표현된 종교적 문화적 기대, 원의, 이념 등이 있다. 이것들은 예수와 같은 시대의 것이고, 신약성서와 초기 그리스도 신앙의 문서에도 수록된 것이다. 여기에 우리의 해석학적 과제가 있다. 예수가 준 구원의 실재로 보이는 것을 우리 시대 문화 속에서 어떻게 표현하느냐 하는 문제다.

신약성서와 교회사 안에 나타나는 모든 신앙고백적 진술과 신학은 그리스도론적 응답이 다양하게 있었다는 사실을 말해준다. 그러나 이런 다원성의 근저에는 지상(地上)의 예수라는 동일한 '예수 현상'이 자리 잡고 있다. 이 고백적 언어의 다양함은 첫째로는 그리스도인이 된 사람들의 종교적 문화적 여건과 전통이 다양한 데서 비롯되고, 둘째로는 예수의 인품, 삶, 메시지, 죽음 등이 제자들에게 놀라운 체험을 다양하게 준 데서 기인한다. 예수의 생전에도 이 둘째 요소인, 그분의 인품, 삶, 메시지는 예수에 대해 많은 생각과 표현을 낳았다. 복음서들에 나타나는 사람들의 놀라움, 경탄, 미움 등에 대한 여러 가지 언급들이 이를 암시한다.

이 다원성(多元性)으로 말미암은 긴장은 초기교회에서도 지속된다. 신약성서의 표현들이나 공의회의 정의들도 주어진 구원과 인간의 언어 사이에 있을 수밖에 없는 모호함을 지니고 있다. 그러나 흔히 그 모호함을 무시하고 그 표현들을 마치 그리스도론적 믿음의 대상인 양 절대화한다. 그렇게 하면, 그리스도론적 진술들은 그것들이 해석하고 표현하는 예수라는 인물의 실재를 감추고 만다. 여기서 형식화(型式化)되고 폐쇄된 그리스도론이 등장한다. 이 그리스도론은 그것이 선포하는 것이 예수의 삶과 죽음과 부활이라는 '예수 현상'을 잊어버린다. 초기교회의 선포, 곧 케리그마는 예수에 대한 것이다. 케리그마는 예수의 인품, 메시지, 삶, 죽음 등 그의 지상 생애와 긴밀히 연결되어 있다. 이 점을 잊어버리면, 케리그마는 하나의 신화로 변한다. 십자가에 매달려 죽고 부활한 분이 우리에게 준 '종말론적 구원'을 말하려면, 나자렛 예수의 인품, 생애, 죽음에 이르는 과정 등을 말해야 한다. 종말론적 구원이라는 말은 역사 속에 기획과 같이 미래 지향적인 모습으로, 또 미래의 성취에 비하면 보잘것없는 모습으로 이미 있다는 의미다.

3. 3. 그리스도론의 언어에서 일관되게 지속되는 요인들[39]

이런 기본적 모호함이 있기에 신약성서에는 초기 그리스도 지역 공동체에서 발생한 다양한 해석들이 있다. 마르코, 마태오, 루카가 해석하는 방식이 다르고 바울로 서간들과 요한복음서의 해석이 다르다. 복음서들과 바울로를 기초로 초기 공동체 안에 있었던 그리스도론의 다양함을 확인할 수 있다. '예수의 어록(語錄)'(Q문헌)에는 그리스도론적 신앙고백이 없는 것은 아니지만, 전혀 발전되지 않았다(마태 11,2-6; 루카 7,18-23; 이사 61,1 인용).

그러나 예수에 대해 해석되지 않고 믿음과 관계없는 순수 역사적 진술은 아무 데서도 찾아볼 수 없다. 공관복음서와 공관복음서 이전의 자료에서도 순수 역사적 진술을 찾으려는 노력은 헛된 것이었다. 예수는 그리스도인들이 하는 신앙고백의 주제로서만 나타난다. 그렇다면 이런 다양한 고백적 포장 너머로 일관성 있게 지속되는 요인은 무엇인가?

---

39 E.Schillebeeckx, *Jesus, An Experiment in Christology*, New York(1980), pp.52–56.

그런 요인은 복음서들 안에도, 신약성서 전체 안에도 보이지 않는다. 성서 경전은 다양한 그리스도론을 가지고 있다. 그리스도론에 사용된 용어들을 관찰함으로써 일관성을 주는 요인을 찾을 수도 없다. 예를 들어 사람의 아들이라는 칭호는, 부활하신 예수가 다시 오신다는 것을 말하기 위해 사용된 묵시문학적 표현으로서 초기에는 대단히 중요했다. 그러나 신약성서의 다른 부분에서는 사라지고, 그리스도 신앙고백문에도 들어오지 못했다. 이 칭호는 헬라-팔레스티나, 유대 그리스도교 지역 공동체와 시리아 공동체까지에만 중요하게 사용되었다.

예수에 대한 가장 원시적 그림을 구성해서 지속되는 요인으로 삼을 수도 있다. 그러나 예수에 대한 가장 원시적 그림을 찾을 수 있다고 가정하더라도, 예수에 대해 시간적으로 먼저 발생한 표현이라고 해서 가장 권위 있는 것이라 말할 수 없다. 원시적인 것은 후기에 더 분명하고 풍요롭게 체험하고 표현하는 데 어떤 자료가 될 수는 있을 것이다. 오히려 시간이 흐르고 나면 우리는 처음의 표현들이 불완전하다는 것을 안다. 마르코는 예수를 그리스도, 특히 하느님의 아들로 믿지만, 이 개념들을 '고통받는 사람의 아들'을 의미하는 것으로 보완한다. '베드로의 메시아 고백'(8,29)이 있자, 곧 '수난 예고'와 '베드로에 대한 꾸짖음'(8,31-33)이 있다. 예수에 대한 과거의 부분적인 표상을 신학적으로 비판하고 있음을 볼 수 있다.

예수의 실제 말씀과 행동(ipsissima verba et facta)도 그리스도론의 기준 혹은 지속되는 요인으로 볼 수 없다. 역사적으로 확실한 예수의 말이나 행동을 성서에서 추출(抽出)해 낼 수 있다 하더라도, 그것은 그 시대 지역 공동체가 다른 말씀과 행위는 수록하지 않고, 그것만 선택해서 글로 남긴 것이다. 따라서 여기서도 우리는 그들이 한 해석적 선택을 통해서 예수에게 접근할 수밖에 없다. 예수가 직접 한 말씀이나 행위라고 우리가 추출할 수 있는 것은 결국 우리를 그 시대 교회 공동체로 인도한다. 예수가 실제 어떤 맥락에서 그런 말을 하고, 그런 행동을 했는지를 우리는 알 길이 없다. 따라서 예수의 실제 말씀과 행위라고 볼 수 있는 것도 가설적 성격을 지니는 것이기에, 지속되는 일관성 있는 기준으로 생각할 수 없다.

이렇게 부정적인 것들을 놓고 보면, 예수에 대한 오늘의 그리스도론적 해석은 예수에 대한 케리그마나 교의에서 시작할 수도 없고, 순수 역사적 나자렛 예수에게서 시작할 수도 없다. 그렇다면 지속되는 요인은 그리스도 신앙의 운동 혹은 놀이다. 달리 말하면 예수에서 비롯된 체험의 단일성이다.

체험의 단일성이라는 말이 예수에 대한 개인주의적 종교 체험을 의미하지는 않는다. 체험의 단일성이라는 말은 공동체가 함께 체험한 것을 말한다. 이 체험으로 사람들은 나자렛 예수를 언급하면서, 그들 삶의 궁극적 의미를 깨달았고, 예수의 생애를, 하느님이 인간을 구원하기 위해 역사 속에서 하신 결정적이고 종말론적 행업으로 해석하기에 이르렀다. 그렇다면 일관되게 지속되는 요인은 어떤 특정 사람들이 나자렛 예수 안에 하느님이 베푸신 최종적 구원을 보는 것이다.

예수의 생애 안에서 두 가지 면을 보아야 한다. 첫째로, 그 생애는 그리스도인 공동체의 역사적 상황에 어떤 영향을 주고 있다는 사실이다. 둘째로, 그 생애는 현세적 삶의 근본적 선택을 위해서 또 하느님과의 종말론적 관계를 위해서 결정적 역할을 한다는 사실이다. 나자렛 예수로 말미암아 깨달은 우리 삶의 의미는 단 한 번의 발견으로 끝나지 않는다. 인간이 하는 놀이는 한 번의 시도로 완성되지 않는다. 놀이는 반복되면서 그 놀이가 지닌 의미를 나타낸다. 이것은 각자 자기가 처한 상황에 따라 계속 반복해서 깨달아야 하는 것이다. 예를 들면, '예수는 주님이다.'라는 선포를 반복해서 말함으로써 끝나지 않는다. 문화적, 사회적, 교회적 여건에 따라 자기 생활 안에 예수가 의사 결정을 내리는 요인이 되게 해야 한다. 그렇게 하면서 예수가 내 의사 결정의 요인이라는 사실이 무엇을 의미하는지를 체험하게 될 것이다. 유대적 배경을 지닌 그리스도인들에게 주님, 사람의 아들, 메시아 등의 단어들은 그들의 믿음과 삶을 위해 큰 영향을 주었다. 그들은 예수에 대해 이런 표현들을 사용하면서 매일 '예수 안에서' 살았다. 그러나 헬라계 그리스도인들에게 이런 호칭들의 의미는 다르다. 그들은 황제 숭배를 위해 '주님 Kyrios'이라는 단어를 사용하고 있다. 따라서 그들에게 Kyrios는 황제가 아니라 예수라는 사실을 해석해서 말해야 했다.

이렇게 보면 예수 사건이 우리가 접근할 수 있는 지역 신앙 공동체 체험의 원천이다. 일관성 있게 지속되는 요인은 '하느님 백성' 혹은 '그리스도 백성'의 변하는 생활이며, 나자렛 예수 안에 궁극적 구원을 경험한 추종자들에게 성령을 통해서 예수가 계속 일으키는 체험이다. 우리가 중시해야 하는 것은 예수가 현재 신앙인들 안에서 하는 일이다. 그러나 이것은 역사 안에 살아가면서 체험하는 그리스도 신앙 공동체의 신앙이 동의하는 언어로 표현된 것이라야 한다.

3. 4. 예수와 신약성서의 관계[40]

하느님이 예수 안에 계시하셨다고 말할 때, 하느님의 말씀이 성서 안에 오류 없이 기록되어서 신앙 공동체의 규범으로 작용한다는 뜻이 아니다. 성서의 문자적 의미를 하느님의 말씀으로 보지 못한다. 계시는 사람이 체험하고 말로 표현한, 구원하시는 하느님의 행업을 일컫는다. 신약성서가 이것을 표현하는 과정에 구약성서가 결정적 역할을 하였다. 신약성서는 예수를 '예언자', '사람의 아들', '들어 높임을 받은 분',[41] '주님'이라고 말하는데, 이 개념들은 모두 구약성서에서 또는 그리스도 신앙 이전의, 후기 유대교 사상에서 유래한 것이다. 신약성서는 사람들이 예수와 더불어 체험한 것과 지역 공동체 안에서 구약성서의 빛을 받아 체험한 것에 대한 그리스도 신앙적 해석이다. 구약성서에 대한 그리스도 신앙적 해석은 신약성서 안에 예수에 대한 여러 가지 해석을 낳았고, 이것이 여러 가지 그리스도론을 공존하게 한 원인이다. 구약성서에 대한 그리스도 신앙적 해석은 교부시대 신학

---

40 E.Schillebeeckx, 위의 책, pp.57-59.

41 2열왕 2,11 엘리야의 승천.
이사 52,13 "높이 높이 솟아오르는 고난 받는 종."
사도 5,33; 필리 2,9.

에서도 어느 정도 지속되었다.

그러면 성서의 권위는 어디에 있나? 신약성서는 초기 그리스도 신앙 운동이 50–60년 동안 만들어 낸 문서다. 신약성서는 그 자체로 독립된 권위를 지니지 않았다. 신약성서는 구약성서 전통 안에서 예수로 말미암아 일어난 '운동'을 글로 정착시킨 문서다. 살아 있는 그리스도 신앙 공동체가 예수로부터 받은 규범적 증언을 담은 것이다.

> "우리의 추천 서한은 여러분 자신입니다. 그것은 우리 마음 안에 씌어져 있으며 모든 사람에게 알려지고 읽혀집니다. 여러분은 분명히 우리 봉사직으로 작성된 그리스도의 편지입니다. 이 편지는 먹물이 아니라 살아 계신 하느님의 영으로 쓴 것이며, 돌판이 아니라 살 심장이라는 판에 써 넣은 것입니다."(2코린 3,2–3)

종말론적 의미[42]에서 이교도들이 그 운동에 참여하고

42 "세월이 흐른 뒤에 이러한 일이 이루어지리라. 주님의 집이 서 있는 산은 모든 산들 위에 굳게 세워지고 언덕들보다 높이 솟아오르리라. 모든 민족들이 그리로 밀려들고 수많은 백성들이 모여 오면서 말하리라. '자, 주님의 산으로 올라가자. 야곱의 하느님 집으로! 그러면 그분께서 당신의 길을 우리에게 가르치시어 우리가 그분의 길을 걷게 되리라.' 이는 시온에서 가르침이 나오고 예루살렘에서 주님의 말씀이 나오기 때문이다."(이사 2,2–5)

있었지만,[43] 이 운동은 예수를 중심으로 한 유대교 내부의 현상으로 보였다. 그러나 그리스도 신앙 운동은 우연적이고 역사적인 상황으로 발전한다. 이렇게 보면 신약성서가 증언하는 것은 이 기간 동안에 일어난 특수 공동체의 체험들이다. 따라서 신약성서의 권위는 상대성을 지닌다.

그러나 신약성서에는 다른 것이 대신할 수 없는 유일한 것이 있다. 신약성서는 나자렛 예수에게서 자극을 받아 시작된 그리스도 신앙 운동의 기원적 사건에 우리가 다가갈 수 있는 역사적으로 가장 믿을 수 있는 자료다. 초기 그리스도인들의 탈은폐(脫隱蔽)하는 체험이 믿을 수 있는 전승들을 통해서 신약성서 안에 수록되었다. 그 기록들 안에는 공동체와 공동체의 지도자들을 당혹하게 하는 것들도 들어 있다. 십자가의 죽음, 안식일에 대한 예수의 태도, 예수가 받은 세례 등을 들 수 있다. 예수가 십자가에서 생의 종말을 고했다는 사실은 초기 신앙인들에게 극복하기 어려운 과제였다. 안식일에 대한 예수의 자세도 유대교 사회에서는 문제가 많은 것이었고, 예수가

43 "진실히 여러분에게 이르거니와, 내가 이스라엘에서는 어떤 사람에게서도 이만한 믿음을 본 적이 없습니다. 여러분에게 말하거니와, 많은 사람들이 동쪽과 서쪽에서 모여들어 하늘나라에서 아브라함과 이사악과 야곱과 함께 잔칫상에 자리잡게 될 것입니다."(마태 8,10–11)

요한으로부터 세례를 받았다는 사실도 예수를 그리스도라 말하는 데 지장을 주는 일이었다. 요한의 제자들이 아직 살아 있었고, 세례를 받은 사람보다 준 사람이 더 훌륭하다는 해석을 낳을 수 있었다.

그리스도인의 첫 세대는 예수를 그리스도라 믿는다. 그리스도 신앙 공동체를 발생시킨 원천의 사건은 규범적 가치를 지닌다. 원시 신앙 공동체는 그들에게 영향을 준 예수 사건을 신약성서 안에 수록했다. 이 원시 예수 사건은 후기 그리스도인들의 올바른 응답을 위한 규범으로 작용한다. 이런 의미에서 신앙 공동체를 정초(定礎)하는 문서로서 신약성서의 권위는 다른 것이 대신할 수 없는 것이다. 살아 있는 나자렛 예수의 유일한 흔적이 초기 신앙 공동체 안에 있었기에, 교회가 신앙 이해를 위한 규범이라고 말하는 가톨릭교회의 해석이 옳다면, 성서 증언의 규범적 성격을 절대시하는 개신교의 원리도 옳은 것이다.

결국 여기서 두 개의 해석이 하나로 합쳐진다. 개신교 신자들은 성서를 '교회의 책'으로 인정하면 된다. 그리고 제2차 바티칸공의회의 '계시 헌장'은 교회의 교도권도 성서 위에 '군림'할 수 없고, 성서 안에 그리스도인들이 표현한 하느님의 계시가 있고 교도권도 그것에 '종속'된다고 이미 인정했다(n.10). 성서에 수록된 공동체 차원의 체험들이 그리스도 신앙을 위해 지속되는 요인이기에, 신약성서 전체는 다원적 그리스도론에도 불구하고, 일관성을 지닌다. 문서인 신약성서는 이 일관성을 보장하는 요인의 하나라고 말하겠다.

신약성서 경전(經典)이 최종적으로 완성되었을 때, 예수에 대한 그리스도 신앙인들의 응답으로서 역사적 과정은 아직 끝나지 않았었다. 신약성서 안에서도 하나의 공동체가 자기들 복음사가의 입을 빌려 다른 공동체의 표현들을 비판한다. 예컨대 마태오복음서와 루카복음서는 마르코복음서의 자료를 각자 자유롭게 이용하면서, 각자 자유롭게 해석하기도 하고, 각자 자기 고유의 자료를 첨가하기도 한다. 이렇게 보면 성서 자체에는 성서 근본주의(根本主義)가 없다. 성서 근본주의는 비성서적이라고 말해야 하겠다.

어떤 의미로라도 신약성서에는 표현조차 바꿀 수 없는 영원한 진리가 있다고 생각할 수 없다. 그것은 예수로 말미암아 발생한, 다양한 그리스도론적 응답을 담고 있는 책이다. 한편으로는 예수가 역사적으로 준 영향과 예수에 대한 사람들의 기억이 그 다양함을 제한하지만, 또 한편으로는 공동체가 처한 역사적 새로운 상황이 다양함을 조장했다. 예를 들면, 유대인 공동체에서 이교도 공동체로 넘어갈 때 성서 속에 새로운 표상으로 된 그리스도론이 나타난다. 그러나 물론 예수에 대한 기억의 테두리 안에서 된 것이다. 이교도들에게 그리스도 신앙이 건너가기만 한 것이 아니라, 그리스도 신앙 자체가 이교도들이 안고 있는 문제들을 만나면서 풍요로워지고, 지금까지 표현해 보지 않았던 새로운 형태의 응답을 하게 되었다. 성서적 맥락에서도 이것은 명백하다. 신앙 공동체가 현재의 구체적 상황을 만나고, 그것에 대한 대화적 혹은 비판적 관계는 그 공동체의 그리스도론에 영향을 주었다는 말이다. 예수에 대해 사람들이 기억하고 있는 것들이 지배적 원리지만, 지금 바로 당면한 문제들 앞에서 그 기억들이 발효하여 새로운 응답을 발생시켰다. 예를 들면, 유대교 출신이 아닌 이교도들을 신앙 공동체로 수용하기 위해서는 '백부장의 종을 낫게 한 이야기'(마태 8,10-11)와 '가나안 부인의 딸을 낫게 한 이야기'(마태 15,21-28) 등을 발효(醱酵)하여 그 결정을 하게 만들었다.[44]

중요한 것은 오늘 우리가 가진 체험적 모형(혹은 인식의 망) 안에서 그리스도인으로서 해야 하는 그리스도론적 응답이다. 신앙의 선포와 신학은 시대성을 지녀야 한다. 오

44 사도 15장, 갈라 2장 참조.

늘 우리의 시대는 평화, 정의, 해방을 열망하고 있다. 오늘의 그리스도론이 이런 열망으로 조명된 예수의 모습을 찾는 것은 기본적인 것이지만, 초기 신앙 공동체가 알려준 '예수에 대한 기억'의 한계 안에서 해야 한다. 어떤 형태의 권위주의도 예수에 대한 기억 속에서는 용납되지 않는다. 예수를 위대한 혁명가로 표현하는 것도 예수에 대한 기억에 부합하지 않는다. 그런 시도들은 우리의 욕망을 투사(投射)하여 진술하는 것에 불과할 것이다. 그러나 그리스도인들은 하느님에 대해 가르친 나자렛 예수를 참조하여 그들의 역사와 삶의 궁극적 의미를 항상 터득하여 왔기에, 우리가 가진 '정의로운 사회'에 대한 시대적 열망과 '소외된 자들'에 대한 선호(選好)도 우리를 위한 예수의 표상을 정립하는 데 당연히 어떤 역할을 해야 한다. 그러나 '정의로운 사회'를 지향하면서 비난하고, 폭로하며, 고발하는 방식은 그리스도적인 것일 수 없다.

3. 5. 형이상학적 그리스도론

그리스도 신앙이 그리스 문화권으로 유입되면서 만나는 것이 그리스 철학이었다. 그 철학에서 하느님은 최고유(最高有)이며 제일원인이다. 중기(中期) 플라톤 사상은 창조가 제일자(第一者)라 불리는 최고유에서 유출(流出)된 것이라고 말한다. 그리고 유출된 것은 유출하는 것보다 격하(格下)된 존재라고 생각한다. 따라서 유출된 것 안에서 유출하는 자의 모습은 확인되지 않는다.

그 중기 플라톤 사상에 물들었던 아리우스(Arius)는, 하느님 아버지는 영원하지만 창조된 그분의 아들은 없었던 때가 있었다고 주장하였다. 아버지로부터 유출된 아들은 아버지보다는 격하된 존재라는 말이다. 격하된 아들 안에서 참다운 하느님을 인식할 수 없다는 것이 아리우스가 주장하는 바의 귀결이다.

니케아공의회(325년)는 이런 아리우스의 주장을 거슬러 하느님과 예수 사이에 우열이 없다는 사실을 긍정하기 위해 '실체적(實體的) 동일함'이라는, 형이상학적으로 무리가 있는 언어를 채용하였다.[45] 그리스도 신앙은 예수 안에서 실제 하느님을 인식한다는 사실을 '실체적(實體的) 동일함'이라는 언어로 긍정한 것이다. 플라톤 사상의 이원론적 우열(優劣)의 논리에서는 아들인 예수 안에 인식되는 하느님은 실제 하느님보다 열등해야 하기 때문이다.

에페소공의회(431년)는 마리아를 '하느님의 어머니'라고

45 '실체적(實體的) 동일함'을 의미하는 'homoousios'라는 단어는 264년 안티오키아 지역 공의회에 모인 80명의 주교들이 배척한 것이었다. I.Ortiz de Urbina, *Nicée et Constantinople*, Paris(1963), p.83 참조.

정의했다. 네스토리우스(Nestorius)는 마리아를 사람의 어머니이지 '하느님의 어머니'로 부를 수 없다고 주장했다. 사람이 하느님을 출산할 수 없기 때문이다. 당연한 말이다. 그의 논리에 의하면, 예수가 하느님의 아들 혹은 그리스도가 된 것은 그의 생애 어느 시기에 하느님이 선택하여 아들과 그리스도로 삼아주었기 때문이라는 것이다. 하지만 공의회 교부들은 마리아를 '하느님의 어머니'라고 정의했다. 예수 안에서 참다운 하느님의 일을 보기 위해서는 하느님과 예수가 필연적으로 연결되어 있어야 한다는 생각에서 한 말이다. 예수는 그 존재의 시작, 곧 마리아가 그를 출산할 때부터 하느님의 아들이라야 한다는 것이다. 그래서 공의회가 채택한 표현이 '마리아는 하느님의 어머니'라는 것이다. 여기서도 공의회 교부들은 그 시대 형이상학적 논리의 한계를 넘어서 예수 그리스도 안에 우리가 참다운 하느님을 인식할 수 있다는 신앙을 긍정한 것이다.

칼케돈공의회(451년)에서 문제가 된 것은 예수 그리스도의 단성론(單性論)이다. 에우티케스(Eutyches)는 예수 안에서 하느님과 사람이 하나가 되어 하나의 본성을 이루었다고 주장한다. 니케아공의회가 긍정한 '실체적 동일함'이라는 표현을 인식론에 한정하지 않고, 존재론적 언급으로 확대 해석한 결과다. 공의회 교부들은 그의 주장을 반박하여 하나이신 '그리스도가 두 개의 본성 안에 혼동됨도, 변질됨도, 나누어짐도, 분리됨도 없이 존재한다.'고 정의했다. 예수는 '온전한 하느님이고 온전한 인간'이라는 표현도 사용했다. 예수를 하느님도 인간도 아닌 제3의 본성을 지닌 존재로 만들지 않기 위해서였다. 예수가 제3의 본성이 되어버리면, 예수는 하느님과도 우리와도 무관한 존재이기 때문이다. 여기서도 공의회 교부들은 우리가 예수 안에 참다운 하느님을 인식한다는 사실을 긍정하기 위해 형이상학적 논리를 넘어서 하나의 인간 존재 안에 두 개의 본성을 인정하였다.

초기 그리스도론에서 확인되는 것은 이설(異說)을 주장한 사람들이 형이상학적으로 더 논리적이며, 공의회 교부들은 그 시대의 형이상학적 한계를 넘어서 창의적(創意的) 언어를 사용하고 있다는 사실이다. 자연 안에 있는 인간인 예수를 초자연적 하느님과 동일한 실체로 말하는 것, 인간 마리아가 하느님을 낳은 어머니라는 것, 하나의 인간 존재가 각각 전혀 다른 존재 서열인 신성(神性)과 인간성(人間性) 안에, 그 둘 중 어느 것도 손상시키지 않고, 존재한다는 것 등은 형이상학적으로 모순된 긍정들이다. 교부들은 그런 어려움을 극복하면서 창의적 노력으로 예수의 의미를 긍정하고 있다. 예수 안에 우리를 위한 하느님의 일을 본다는 것(실체적 동일함), 예수 안에 하느님의 일을 보는 것은 우연적 질서에서 발생한 일이 아니라 필연적 질서에서 발생한 일이라는 것(하느님의 어머니), 그리고 예수 안에 손상됨이 없는 하느님의 일하심과 또한 하느님 앞에 응답하는 인간의 일을 본다는 사실(온전한 하느님, 온전한 인간)을 긍정한 것이다. 공의회 교부들은, 형이상학적 언어가 그들 사고의 온상이었지만, 그 언어의 한계를 보면서 새로운 형이상학적 표현을 사용하고 있다. 그들에게 중요한 것은 형이상학적 논리가 아니라, 신앙 공동체 안에 보존된 예수에 대한 기억이 지배하는 공동체의 신앙 체험이었다.

이런 논쟁을 거치면서 우발적으로 발생한 그리스도론의 언어가 중세 유럽에서 그 우발성을 잃고 그리스도에 대한 초자연적이고 필연적인 진리를 긍정하는 것으로 정착하여 오랜 세월 동안 불변하는 그리스도론의 기본이 되었다. 예수 그리스도가 하느님과 실체적으로 동일시되면서, 그리스도론은 인간 예수가 하느님이라는 사실을 확인하는 작업이 되었다. 말씀이 강생하여 사람이 되셨고, 인류의 구원을 위해 십자가에서 죽으셨다. 그분이 하신 기적들과 부활은 그분이 하느님의 아들이라는 사실을 입증한다.[46] 예수는 하느님에 대해 또 인간의 구원에 대해 초자연적 지식을 사람들에게 전달한 것이다. 이렇게 예수를 하느님 편에 세우고 그분의 생애에서 초자연적인 것을 찾는 노력을 하면서 신학은 인간 예수의 참다운 의미를 보지 못했다.[47] 신앙은 지극히 높으신 하느님이 그 아들을 통해서 전달하신 초자연적 지식 혹은 그분이 영원으로부터 '결정하신 것들'[48]을 배우고 익히는 길이 되었다. 동시에 계시는 초언어적 사건이 아니라, 언어적인 것으로 이해되었다.

나오면서

시대적 상황, 곧 종교, 문화적 상황은 예수 그리스도 안에 주어진 구원을 언어화하는 데 잊지 말아야 하는 요소다. 예수로부터 비롯된 놀이는 그 후 역사 안에 많은

---

46 예수의 신성을 말하기 위해 과거 신학은 예수의 기적과 부활 사실을 열거하고 교회사에서 확인되는 순교자들을 비롯한 그분의 놀라운 영향사를 말한다. 윤형중, 『상해 천주교요리』 상, 가톨릭출판사(1990), 154-157쪽 참조.

47 예수가 인간이었다는 것을 말하기 위해 잉태, 출생, 성장, 배고픔과 목마름, 먹고 마심, 피로, 죽음 등을 나열한다. 위의 책 157-158쪽 참조.

48 제1차 바티칸공의회의 "교의헌장" 제2장 '계시론'에 나타나는 표현이다(DS 3004). 계몽주의와 이신론(理神論) 앞에 하느님에 대한 이성의 자연적 인식 외에 하느님이 알려주신 '당신의 영원한 결정들'로 말미암아 열리는 초자연적 인식이 있다는 것을 말했다. 이 공의회는 계시 사실과 계시 내용을 동일한 것으로 말한다.

문화권에서 여러 형태의 놀이를 낳았다. 그 놀이가 예수로 말미암은 우리의 놀이이기 위해서는 우리가 처한 문화적 상황이 그 놀이에 반영되어 있어야 한다. 예수의 놀이가 하느님에 대한 체험과 더불어 된 것이듯이, 우리의 것도 당연히 하느님을 체험하게 하는 것이다.

신약성서 안에는 그리스도인들이 예수라고 부르는 놀이가 있다. 그런데 하느님이 예수 안에 주셨다고 생각하는 구원을 시대에 따라 새로운 빛으로 이해하면서, 그 놀이의 구성원들이 처한 새로운 상황이 놀이의 형태를 변하게 한다. 따라서 예수 안에 하느님이 주신 구원에 대한 우리의 체험에 따라 놀이의 형태도 변하는 것은 당연한 일이다. 초기 그리스도 신앙이 대면한 문화-종교적 범주들이 예수 안에 주어진 구원을 표현했듯이, 우리 시대의 것은 우리가 체험한 구원을 언어화하기에 적합한 것이다.[49] 같은 놀이지만, 시대에 따라 그 형태는 달라진다. 예수에게 '하느님의 일'은 곧 '사람의 일'이었다. 따라서 온전히 하느님 편에 선 사람은 온전히 사람 편에 선 사람이다. 이 구원의 실재는 인류 역사 속에 의료, 교육, 복지

49 토론 없는 순종, 독선적 복음 선포, 교훈적 언어, 상대의 자율성을 무시하는 언어 등은 사라져야 하고, 복음 선포에 있어서도 상대방이 생각하고 판단할 수 있는 자료를 제공해야 하며, 신앙인이 각자 선택하여 자유로운 놀이를 하도록 해야 한다.

등 다양한 놀이를 발생시켰다.

우리는 다른 사람에게 기대하고 그로부터 받으면서 산다. 예를 들어 내가 약속을 지키려 노력하는 것은 다른 사람들이 내가 그 약속을 지킬 것으로 믿고, 기대하고 있기 때문이다. 따라서 우리의 삶 안에 타자성(他者性)의 문제는 항상 살아 있다. 내가 속하는 종교에는 내가 그 종교에 입문하기 전부터 신앙언어가 있었다. 그 언어는 내가 마음대로 조정할 수 있는 것이 아니다. 나는 신앙인이 되면서 나보다 먼저 있던, 그 언어가 열어주는 상징(象徵)의 회로(回路) 안으로 들어간다. 나는 그 회로 안에 있는 규칙들뿐 아니라, 나보다 먼저 다른 사람들이 남긴 언어들을 접하면서, 그 언어의 상속자가 되어 나의 놀이를 발생시킨다. 상속자는 자기가 받은 유산을 자기의 창의력을 동원하여 활용하면서 삶의 다른 모습을 발생시킨다.

현재 그리스도 신앙언어의 빈약함을 우리는 본다. 신앙 공동체는 과거 형이상학적 언어의 단편들을 교리(教理)라는 명목으로 반복하면서 참다운 인간 구원의 이야기 혹은 체험을 발생시키지 못하고, 사람들 안에 있는 기복(祈福)적 욕구에 부합하는 신앙언어를 발생시키고 있다. 그리스도적이 아닌 신앙을 만들고 있는 것이다. 교회가 과거의 언어를 탈피하지 못한 데에 그 원인이 있다. 교회가 하는 일들의 실효성이 저하된 것도 과거의 중세적 제도를 탈피하지 못하기 때문이다. 오늘의 세상에 통용되는 사고와 행동양식을 외면하기 때문이다. 신앙은 하느님으로부터 더 많이 받아내는 수단도 아니고, 하느님의 이름으로 사람들 위에 군림하는 수단도 아니다. 예수에 대한 기억을 살려서 그것이 주는 제한을 오늘의 세상에 새롭게 해석하고 실천해야 한다.

그리스도 신앙언어는 오늘 그리스도 신앙 고유의 기억을 살려내지 못하는 놀이가 되었다. 복음 선포의 빈약함은 놀이의 빈약함으로 연결된다. 신앙인들은, 비록 지성인들까지도, 성사(聖事) 위주의 기초적인 유치한 신앙 교양에 머물고 만다. 신앙 공동체는 사고하지 않는 집단이 되어가고 있다. 신앙인들은 새로운 해석에서 오는 불안과 결단을 체험하기보다는 과거의 언어만을 반복하면서 안심하고 평온하게 자기 소원이나 성취하기를 바란다.

제6장

하느님에 대한 언어의 문제

들어가면서

"하나이신 하느님을 믿는다." 이 말은 초기 신앙 공동체로부터 오늘에 이르기까지 그리스도인이 하는 신앙고백이다. 이 고백에는 그리스도 신앙의 전부가 들어 있다. 구약과 신약을 통하여 계시된 유일하신 하느님을 믿는 것은 그 하느님이 돌보아주고, 해방하고, 생명을 주는 분임을 믿는 것이다. 그리고 신앙인은 이 믿음으로 구원에 이른다고 생각한다. 신앙의 다른 명제들, 곧 세상의 시작과 종말, 죄, 구원, 인간의 성취, 교회, 성사(聖事) 등은 이런 하느님과의 연대성(連帶性) 안에서만 의미를 지닌다. 이 명제들은 하느님이 하시는 구원 행위에 대한 언어거나 그 구원에 이르는 길을 표현하는 언어들이다. 사실 하느님은 신학(神學)의 유일하고 일관성 있는 주제라고 말하겠다. 신학에는 많은 주제들이 있지만, 하느님은 신학의 많은 명제들 중 유일한 주제다. 따라서 신학을 신에 대한 언어(Theo-logia)라고 부른다.

'하느님'이라는 단어는 인간의 언어 가운데 가장 많은 것을 싣고 있는 단어라 하겠다. 이 단어처럼 인류 역사 안에서 더럽혀지고 찢어진 낱말도 없다. 종교학자 부버의 말을 들어보자.

> "어떻게 계속해서 신(神)이란 단어를 쓸 수 있는가? 당신이 사용하는 이 단어를 독자가 어떻게 당신과 같은 뜻으로 알아듣는다고 생각하는가? …… 인간 언어 중에 이 단어만큼 남용되고 더럽혀지고 폭행을 당한 단어가 또 있는가? 이 단어는 인간의 언어 안에서 가장 무거운 짐을 지고 있는 단어다. 어떤 단어도 그만큼 더럽혀지고, 찢어진 것은 없다. 바로 이것 때문에 나는 이 단어를 포기할 수 없다. 사람들은 세세대대 그들 생활의 고뇌에서 오는 짐을 이 단어에 지워 놓은 다음 이 단어를 땅바닥에 던지고 그것을 발로 짓이겨 버렸다. 이제 이 단어는 진흙 속에 누워서

모든 사람의 짐을 지고 있다.

지극히 높으신 분을 말하기 위해 어디서 이런 단어를 얻을 수 있겠나? 만일 철학자들의 가장 내면적 보고(寶庫) 안에서 가장 순수하고 가장 빛나는 단어를 내가 택한다 하더라도, 그것에서 내가 발견하는 것은 아무런 구속력을 갖지 못한 하나의 개념에 불과할 것이다. 내가 생각하는 분의 현존, 모든 시대의 사람들이 그들의 삶과 죽음으로 흠숭하기도 하고, 그 품위를 떨어뜨리기도 한 그분을 말하지는 못할 것이다.

그분을 인정하지 않는 사람들의 의견도 우리는 존중해야 한다. 왜냐하면 그들은 신이 준 것이라 믿는 불의(不義)함과 부조리(不條理)함을 보고 있기 때문이다. 그러나 우리는 그분을 버리지 말아야 한다. 사람들이 이 단어를 너무 남용했기에 이제부터 얼마 동안은 이 단어를 사용하지 말아야 한다고 생각하는 사람들이 있지만, 그것은 이해할 수 없는 생각이다. 그것으로 이 단어가 이미 남용되었고, 계속 남용되는 것을 막을 수는 없다. 이제 이 단어를 씻어서 깨끗하게 할 수는 없다. 그러나 더럽혀진 그대로, 찢어진 그대로, 있는 그대로, 우리는 그것을 땅바닥에서 들어 올려 우리가 겪는 큰 고뇌의 시간 위에 세워야 한다."[50]

인간은 이 단어와 함께 살면서 그들의 고뇌를 이 단어에 싣고, 이 단어를 더럽혔다. 종교 분쟁에서는 사람들이 이 단어를 찢었고, 이 단어를 위해 서로 죽이고 죽어갔다. 먼저 이 단어가 의미하는 바를 종교학과 신학에 물어보아야 한다.

그리스도 신앙이 출현하는 시기의 로마제국은 다신론(多神論)이 지배하던 문화권이었다. 식민지에서 제국으로 끌려온 노예와 용병(傭兵)들이 있었고, 먼 지역으로 가서 장기간 체류하는 제국의 관리들이 있었다. 그들은 소아시아, 이집트와 페르시아의 종교들을 제국으로 가져왔다. 이 종교들은 대부분 어떤 신체험을 하게 하는 신비(神秘) 종교들이다. 그들은 어떤 체험을 하게 하고, 그 집단에 속함으로써 구원이라는 특권을 누린다는 자부심도 갖게 하였다. 로마의 풍자(諷刺) 시인(詩人) 유베날리스(Juvenalis 60–140)는 그 시대의 다종교(多宗教) 현상에 대해 이렇게 말한 일이 있다. '오론테스(Orontes) 강의 구정물이 티베르

50 Martin Buber(1878–1965). *Gottesfinsternis, Betrachtungen zur Beziehung zwischen Religion und Philosophie*, Werke, t.1. pp. 508–510.

(Tiber) 강으로 흘러들고 있다."[51]

1. 그리스도 신앙언어의 하느님

1. 1. 로마제국 시기

그리스도 신앙이 출현한 시기는 신화(神話) 위주의 다신론(多神論)이 철학 사상의 보급과 더불어 서서히 유일신(唯一神) 사상을 지향하던 무렵이다. 그 흐름을 주도한 것은 스토아 철학이다. 이 학파는 고대 다신 종교들이 유일신 사상으로 향하는 다양한 길이라 생각했다. 스토아 철학은 각 종교 의례를 존중하고, 우주 질서에 순종해야 한다고 가르치면서 윤리적 순화(純化)를 강조했다. 기원후 50년경 아테네에서 설교하는 바울로의 한마디가 그들의 사고를 반영하고 있다.

> "여러분의 시인들 가운데 몇 사람이 '우리도 그분의 자녀다.' 하고 말하였듯이, 우리는 그분 안에서 살

51 오론테스는 레바논에서 시작하여 시리아와 터키를 거쳐 지중해로 흘러드는 강이고 티베르는 로마를 관통하는 강이다.

고 움직이며 존재합니다."(사도 17,28)

이런 시대적 요구에 부응하는 그리스도 신앙이었다. 그 신앙은 유일신(唯一神)을 말하면서 높은 윤리 수준을 요구한다. 그 신앙은 초기부터 이교(異教)의 신들을 거부하면서 철학자들의 신을 택했다. 그리스도 신앙의 신이 신화들의 어느 신에 속하느냐는 질문에, 그리스도 신앙은 철학자들이 말한 모든 존재의 근본이신 분이 그리스도 신앙의 하느님이라고 강조한다. 그리스도 신앙은 이렇게 신화를 비판하면서 합리적 언어(logos)를 택했다.

그 시대 종교들은 합리적 언어가 아닌 신화에 집착했다. 진리에 대한 그들의 무관심은 종교를 하나의 생활 인습(因習)으로 전락시켰다. 초기 교부(教父) 테르툴리아누스는 이렇게 말한다.

"그리스도는 자신을 진리라고 일컬었지 인습이라고 말하지 않았다. …… 그리스도가 새 종교를 세운 것은 인류로 하여금 진리를 인식하게 하기 위해서였다."[52]

---

52 Tertullianus(c. 160–c. 220), *Apol.*, 21,30.

그리스도 신앙은 이렇게 종교 의식(儀式)으로 자족하는 종교관을 뿌리치고, 진리 편에 서면서 그리스 철학의 언어를 빌려 사용했다.

모든 교부들이 플라톤 사상 혹은 중기 플라톤 사상의 언어로써 신앙을 설명하고 가르친다. 보이지 않는 것, 변하지 않는 것, 관념적인 것, 영원한 것 등을 변하는 것, 물질적인 것, 현세적인 것과 대립시키고, 하나이고 단순한 것을 다수(多數) 및 다원성(多元性)과 대립시켰다.

1. 2. 유럽 중세(中世)

그리스도 신앙이 신화를 버리고 철학적 언어를 택한 것은 중세 유럽 봉건사회에서도 지속되었다. 캔터베리의 안셀무스[53]는 중세 스콜라 신학의 시조(始祖)라고 불린다. 그는 "신은 그보다 더 큰 분을 생각할 수 없는 존재"[54]라고 정의한다. 여기서 주목할 일은 그가 신을 말하기 위해 최상급(最上級)을 쓰지 않고, 부정법(否定法)을 사용한 점이다. 신은 인간이 생각할 수 있는 최고의 존재[55]라고 말하지 않았다는 것이다. 신이 최고의 존재가 되면, 인간에

53 Anselm of Canterbury 1033–1109.

54 Deus est id quo majus cogitari nequit.

55 Maximum quod cogitari potest.

대한 언어를 연장하여 상상할 경우, 신에게 도달할 수 있다는 결론에 이른다. 안셀무스에게 신은 결코 충족될 수 없는 비교급이다. 우리가 생각할 수 있는 것보다 항상 더 크고, 더 포괄적이며, 모든 유사함에도 불구하고 유사하지 않고, 다르고 신비스런 존재라는 말이다.[56]

토마스 아퀴나스[57]의 『신학대전(神學大全)』은 유럽 중세 신학 교육을 주도했다. 그의 신론(神論)[58]에 따르면 신은 제일동인(第一動因), 최고유(最高有), 최종목적(最終目的)이며 필연유(必然有)다. 신은 최종적 근본이며, 스스로의 근본을 갖지 않은 존재이고, 모든 것을 움직이고, 유지하는 존재다. 모든 유한유(有限有)들이 참여하고, 그 근본을 얻는 최고의 존재다. 신은 또한 모든 것을 이끌고 순서 짓는 최종 목적이다.

16세기 소위 종교개혁 이후 마르틴 루터[59]는 그의 『교리문답서(Grosser Katechismus)』에서 철학적이 아닌 실존적 신이해(神理解)를 모색한다. "신(神)이 있다는 것은 무엇을 의미하나?"라는 물음에 그 문답서는 다음과 같이 답하고 있다.

---

56 *Proslogion* 2.

57 Thomas Aquinas 1225–1274.

58 *Summa theologica* I, q.2, a.3.

59 Martin Luther, 1483–1546.

"신으로부터 모든 선(善)을 기대해야 한다. 그분은 모든 고뇌를 피하여 피난처를 얻게 해주는 분이다. 네 스스로 의지할 수 있고 네 마음을 줄 수 있는 너의 신이다."

스콜라 신학이 필연적(必然的) 존재라고 표현한 분을 루터는 우리의 필요를 충족시켜 주고, 실존적 고뇌에서 우리를 도와주는 분, 곧 우리와 연대성 안에 있는 분이라고 표현한 것이다. 그분은 우리가 절대적으로 의존할 수 있고, 그분 위에 우리의 실존을 세울 수 있다는 말이다.

1. 3. 현대

현대 신학에 오면, 신은 피안(彼岸)의 절대자가 아니라, 세상 안에 내재(內在)하는 초월자(超越者)로 인식된다. 폴 틸리히(Paul Tillich)는 "신은 절대적으로 인간과 관련된 분"이라고 말하고 루돌프 불트만(Rudolph Bultmann)은 "신은 모든 것을 결정하는 실재(實在)"라고 정의한다. 칼 라너(Karl Rahner)는 "인간의 최종 목적과 최초 기원의 신비로서 우리 마음대로 되지도 않고, 이름지을 수도 없는 분. 모든 것을 마음대로 하고 사랑하는 자유로서 다스리는 분"이라고 정의한다. 존 로빈슨[60]은 신을 "높이 계시는 분(Up there)", "최종적 기반(Ultimate Ground)", "깊이(Depth)", "최종적 의미(Ultimate Meaning)" 등으로 표현한다.

신에 대한 현대 신학자들의 표현은 서로의 차이가 무엇이든, 공통된 사항을 하나 가지고 있다. 즉 신이라는 단어는 인간이 제기할 수 있는 여러 질문 중 하나에 답하기 위해 있지 않다는 것이다. 신은 여러 실재들 중 하나, 혹은 다른 실재들 위에 있는 하나의 실재가 아니다. 신은 인간이 연구하여 얻을 수 있는 지식의 대상이 아니다. 신은 인간 혹은 사물(事物)이 존재하듯이 존재하지 않는다. 신은 모든 문제에 대한 유일한 답이다. 그는 인간과 이 세상이 지닌 문제성 전체에 답이 되는 존재다. 신이 있어서 이 세상의 나머지 모든 실재를 포괄(包括)하고 초월(超越)하는 답이 주어진다.

모든 것을 포괄하고 모든 것을 능가하는 답으로서 신에 대한 언어는 인간이 처한 근본적 상황을 반영한다. 플라톤 사상이 지배하던 시기에는 관념(觀念), 곧 이데아(Idea)로 표현된 신이었다. 절대 군주주의(君主主義)가 지배하던 시기에는 초월적 절대 군주로 인식된 신이었다.

---

60 John A.T. Robinson, *Honest to God*, (1963, London). 『신에게 솔직히』, 현영학 옮김, 대한기독교서회(1968).

인간은 다른 생물체와 달리, 주어진 환경에 본능적으로 적응을 잘하고 사는, 아무 문제가 없는 존재가 아니다. 인간은 이 세상에 열려 있는 존재다.[61] 인간은 자기 자신과도, 주위 환경과도 자연스럽게 조화를 이루며 살지 않는다. 인간은 자기 자신도 환경도 스스로 만들어 나간다. 인간은 하나의 주어진 과제(課題)라고 말하겠다. 그래서 인간은 문제를 제기하며, 문제들을 안고, 길을 가는 도상(途上)에 있다. 문제를 제기할 수 있다는 사실은 인간의 위대함을 말한다. 그것은 인간 초월성의 근거이기도 하다. 이 초월성은 모든 것을 극복하는 능력이며, 동시에 인간이 누리는 자유의 근본이다.

문제를 제기할 수 있는 인간의 권리는 또한 인간의 비참(悲慘)함이 될 수도 있다. 인간은 권태, 불만, 불행을 체험할 수 있는 유일한 존재다. 인간은 이 세상에 열려 있는 존재로서 자기 존재 의의(意義)와 전체적 실재의 의의에 대한 해답을 얻지 못하면, 스스로를 성취하지 못한다.

종교적 전통에서 보면, 이 해답은 '신'이라는 단어가 지칭하는 실재다. 그러기에 종교 전통들은 신을 다른 실재

---

61 E. Fromm, *Psychanalysis and Religion*, p.21 s.
M. Heidegger, "Das-In-der-Welt-Sein", "관심의 존재", "심려의 존재".
Victor Frankl, 『로고테라피의 이론과 실제』, 이봉우 옮김, 분도출판사(1980), 15-16쪽.

들과 나란히 말하지 않고, 모든 실재를 포괄(包括), 정초(定礎), 결정(決定)하는 실재라고 말한다. 다른 말로 하면, 신이라는 문제는 범주적(範疇的)인 것이 아니라, 초월적(超越的)인 것이다. 모든 현존재(現存在)를 포괄한다는 의미에서 스콜라 신학은 신을 초월적이라고 말하고, 모든 문제와 해답을 가능하게 하는 조건에 관계되는 문제라는 의미에서 현대 철학은 초월적이라고 말한다.

신은 인간이 제기하는 모든 문제 안에 있는 문제이기에, 그 자신 문제로서 제기될 수 있다. 토마스 아퀴나스는 그의『신학대전』에서 신 존재에 대한 장을, 두 개의 반론(objectio)을 제기하면서 도입한다. 그리고 그것은 오늘까지도 신에 대한 근본적 반론으로 유효하게 보인다. 첫째로, "무한히 선한 신을 가정할 때, 이 세상에 악은 있을 수 없다."

이 반론은 20세기에 들어오면서, 도스토예프스키가 그의 작품『카라마조프가의 형제들』에서 이반 카라마조프의 입을 빌려 제기하는 문제이며, 또한 알베르 카뮈(A. Camus)가 그의 작품들에서 제기하는 문제이기도 하다. 죄 없는 어린이가 죽어가는 세상에 신은 있을 수 없다는 것이다.

둘째로, "신이 없다고 가정해도, 이 세상의 내재적(內在

的)인 것만으로도 모든 것은 충분히 설명된다." 이 반론은 현대 무신론자들과 과학자들이 제기하는 문제다.

최근 도킨스[62]는 두 개의 반론을 아우르는 반론을 제기했다. 그는 오늘날 신의 이름으로 저질러진 악행들을 나열한다. 9 · 11 테러를 비롯한 각종 자살 테러들, 낙태 시술을 하는 산부인과 의원에 폭탄을 던진 일 등 현대 종교의 근본주의자들이 신의 이름으로 한 범행들을 줄줄이 나열하며, 신의 이름으로 이런 악행들이 발생한다고 말한다. 도킨스는 종교 자체를 비판해야 한다고 주장한다. 그런 극단주의가 발생하는 온상이 종교이기 때문이다. 그리고 그는 신이 없어도 아무 문제가 없는 세상이라는 사실도 지적한다. 진화생물학자로서 당연한 주장이다.

중세 사상가들에게도 신은 명백한 존재가 아니었다. 신에 대한 말은 관념이라는 인간 삶의 한가한 영역에서 나온 것이 아니었다. 이 세상을 살아가는 인간이 신을 믿는 것은 항상 의문을 제기하고, 찾는 것이며, 유일신에 대한 신앙고백은 항상 불안한 것이었다. 신으로 착각될 수 있는 것이 이 세상에는 많이 있기 때문이다. 그리스도 신앙인은 항상 "믿습니다, 그러나 제 믿음의 부족함을 도와주십시오."(마르 9,24)라고 말해야 하였다. 그러기

62 리처드 도킨스, 『만들어진 신』, 이한음 옮김, 김영사(2007).

에 전통적으로 "이해를 촉구하는 믿음"[63]이라는 말이 통용되었다.

신과 인간 사이에는 무한한 심연이 가로놓여 있다. 인간은 신이 아닌 것만 볼 수 있다. 신은 인간에게 본질적으로 보이지 않는 분이다(히브 11,27). 신은 인간 시선(視線)의 대상이 아니다. 인간이 사는 공간은 보고 만질 수 있는 공간으로 제한되어 있다. 그런데 이 공간 안에는 신이 등장하지 않는다. 이 공간을 아무리 연장해도 신은 보이지 않는다.

2. 현대의 세속화[64]

과거에도 신은 자명한 존재가 아니었지만, 현대에는 신을 말할 수 있는 상황이 온전히 달라졌다. 20세기 후반에 들어오면서 현대인은 신의 실재(實在)를 느끼지 않을 뿐 아니라, 자명한 실재는 오관(五官)의 대상이 되는 사물만이라 생각한다. 오관이 모든 실재에 대한 인간의 유

63 "fides quaerens intellectum."

64 하비 콕스(Harvey Cox), 『세속도시(*Secular City*)』 대한기독교서회(1967). 같은 저자, 『현대 사회로 돌아온 종교』, 이종윤 옮김, 한국신학연구소(1987). *The Encyclopedia of Religion*, "secularization".

일한 참조 기능이 되었다. 신이라 불리는 실재는 이제 순수한 하나의 관념으로 보인다. "신은 죽었다."라는 니체(Nietzsche)의 말은 현대인을 정확하게 진단한 말이었다.

본회퍼[65]는 종교도 없고, 신도 없으며, 과거의 종교적 언어가 통하지 않는 세상이 오고 있음을 일찍이 예견했다. 그 후 얼마 가지 않아서 무신론은 세상의 보편적 현상으로 나타났다. 제2차 바티칸공의회(1962–1965)는 "무신론은 현대 세계의 지극히 중요한 문제의 하나이며 시대의 징표다."[66]라고 말하고 있다.

세속화 현상은 대중의 무신론적 생활양식을 말한다. 세상과 정치, 문화, 경제, 과학 등에 대해 그 초월적 기반을 무시하고 생각하는 사고방식이다. 그러나 세속화는 서유럽과 그것에 준하는 문화권, 곧 그리스도교 문화권에서 발생한 현상이다. 그 사고방식의 기원에는 성서가 말하는 신과 인간의 구별, 인간의 존엄성과 자유에 대한 자각이 자리하고 있다. 범신론적 만유일체관(汎神論的 萬有一體觀)에는 세속화 현상이 일어나지 않는다. 세속화는 그리스도교적인 것에 대한 무관심이라고 말하겠다. 인간을 예속시키던 절대적 초월(超越) 앞에, 또 보수적이고 억압

65 Dietrich Bonhoeffer(1906–1945), 『저항과 순종(*Widerstand und Ergebung*)』
66 현대 세계의 사목 헌장(Gaudium et Spes), n.19.

적인 교회의 제도 앞에, 인간이 자기 스스로를 긍정하는 현상이 출현한 것이다. 세속화는 그리스도교적인 것에 대한 비판과 인간의 자율적 기반을 모색하는 현상이다.

세속화 현상이 중요시하는 인간 개체의 자유와 존엄성은 그리스도 신앙언어에서 온 것이다. 그리스도 신앙이 지배한 문화권에서는 중국 진시황(秦始皇)의 병마용(兵馬俑)도 없고, 중국 북경 교외에 있는 정릉(定陵)과 같이 강력했던 지배자가 자기의 사후생(死後生)을 위해 지하에 호화로운 궁전들을 지은 일도 없었다. 그리스도교 문화권에서는 호화로움의 극치를 누린 제왕(帝王)도 죽음 후에는 성당 안의 석관(石棺) 하나로 만족했다. 그리고 그것을 위한 장식이라고 해봐야 기도하는 자신의 조각 석상 하나가 전부였다. 현대 서구(西歐) 사회를 지배한 인간의 자기 긍정은 그 발상이 그리스도 신앙언어에서 유래된 것이다.

16세기부터 시작된 그리스도 교회의 분열과 근대 도시 생활의 출현은 유럽의 세속화를 발생시킨 직접적 원인이기도 했다. 종교개혁과 더불어 신앙의 일치가 깨지면서, 유럽 사회는 그 일치의 기반을 잃었다. 그것과 더불어 사회질서가 붕괴되었다. 16, 17세기 유럽을 휩쓴 종교전쟁은 사회를 폐허로 만들었다. 4세기 로마제국은 그리스도 신앙을 제국 통일을 위한 새로운 이념으로 삼았지만, 16

세기부터는 신앙이 그 사회를 일치시키는 이념이 되지 못했다. 그 사회가 존속하기 위해서는 사람들을 다시 일치시킬 수 있는 원리를 종교 밖에서 찾아야 했다. 사회의 평화를 위해서는 종교를 각 개인의 사적(私的) 생활 영역으로 후퇴시켜야 했다. 그러면서 공동생활의 기반으로 모든 사람이 공감할 수 있는 이성(理性), 곧 합리성에 호소했다. 종교적 신념이 개입하지 않고, 모든 사람이 수긍할 수 있는 합리성의 추구는 '신이 없는 듯' 사고하고 행동한다는 사실을 전제하고 있다. 이런 과정을 거치는 동안에 신이라는 단어는 그 사회적 기능을 상실했다.

이 발전은 유럽 소도시들의 출현 및 발전과 보조를 함께 한다. 12세기부터 출현하기 시작한 소도시들은 종교개혁 후에 발전을 가속화한다.[67] 도시 생활은 사람들을 정치, 사회, 종교의 지배에서 벗어나 인간 자율성에 그 기반을 두고, 지식과 노동과 수입을 생각하며, 자율적으로 살게 만들었다. 주민들의 생활이 자율적이 되면서 종교는 인간의 사적(私的) 윤리 영역의 일이 되고 말았다. 이제 하느님의 뜻, 하느님이 만드신 제도를 말하는 종교는 체계화된 하나의 이념(理念)으로 보인다. 현대 과학의 발

67 무산층(無産層)에 대립시켜 사용되는 Bourgeois라는 단어는 소도시를 의미하는 bourg에서 나온 것이다.

생과 발전은 성서와 교리언어 전통이 전제로 하던 언어들을 비판하면서, 초월적 기반에서 벗어난 새로운 세계관을 낳는다.

종교가 그 공공성(公共性)을 잃고 사적(私的) 영역으로 후퇴하면서, 주관적 신심이 소중하게 보이게 되었다. 경건주의(敬虔主義)가 출현하고 만연(蔓延)했다. 그것은 교의(教義)를 등한시하고, 성서 독서를 위주로 한 경건함을 추구하는 17세기 이후의 신심 운동이다. 루터 교파에서 시작된 이 운동은 20세기 초에 이르러 그리스도 신앙 공동체 전체에 영향을 주었다. 신앙이 주관적이고 사적인 영역으로 후퇴하면서 신앙언어는 빈곤하게 되었다. 신앙을 위한 이 세상의 역할은 완전히 외면되었다. 이제 세상에는 신이 없고, 신에게는 세상이 없는 것같이 되었다.

세속화는 여러 가지 원인에서 발생했다. 신에 대한 언어의 절대화가 일으킨 반발이기도 했고, 자율성을 찾는 현대인의 자아의식이 그 원인이기도 했다. 이렇게 상반된 동기에서 현대의 자율적 문화가 발생했다. 세속화된 세계에서 신이라는 가설(假說)은 세계 안의 제 현상을 설명하기에 점점 더 불필요한 존재가 되어간다. 신은 이 세상 안에 아무런 기능을 갖지 못하게 되었다. 신이 마치 없는 것 같이 이 세상을 살아야 한다. 그래서 신은 점점 더 비실재(非實在)가 되고, 신에 대한 믿음은 인간의 직관과 체험에서 유리(遊離)된다.

니체가 지적한 대로 신은 죽었다. 그렇다면 신이라는 실재를 지워버리고, 나머지는 아무것도 변하지 않은 상태로 있기를 바랄 수는 없다. 인류 역사 속에서 신이라는 단어는 인간과 세상의 원천으로 또 최종적 목적으로 인식되어 왔다. 신이 사라지면서 세상은 그 바탕과 목적과 의미를 상실했다. 하나의 사물은 그것을 포괄(包括)하는 세계 안에서만 의미를 지닌다. 모든 것의 의미를 정해주던 신이라는 실재가 사라지면, 각 사물은 결과적으로 그 의미를 상실하고 만다. 모든 것은 허무(虛無)의 심연(深淵)으로 떨어지고 말 것이다. 니체는 무신론(無神論)이 초래할 수밖에 없는 허무주의(虛無主義)를 정면으로 보았다. 그는 그의 저서에서 신은 죽었다는 메시지에다 다음과 같은 물음을 보탠다.

> "우리가 이 대지를 태양으로부터 떼어 냈을 때 우리는 무엇을 했던가? 이 대지는 이제 어디로 향하고 있는가? 우리는 어느 곳을 향하여 움직이고 있는가? 모든 태양으로부터의 이탈? 우리는 거듭해서 넘어지고 있지 않은가? 그리고 뒤로, 옆으로, 앞으로, 모든

방향으로? 아직도 위와 아래가 있는가? 우리는 하나의 커다란 공허를 통하여 지나가듯 길을 잃고 있지 않은가? 우리 얼굴 위에 공허한 공간의 숨결을 느끼지 않는가? 더 추워지지 않는가? 밤이 오고 점점 더 어두워지지 않는가? 아침부터 벌써 등불을 밝혀야 하지 않는가?"[68]

니체의 지적은 오늘 우리에게 놀라울 정도로 현실성을 지닌 것으로 보인다. 무신론적 인문주의나 마르크시즘보다 더 현실성을 지녔다. 과거에는 니체에게서 그리스도 신앙에 대한 불신(不信)밖에는 보지 않았었다. 그러나 그는 하느님의 신비가 사라지면, 인간의 신비도 함께 사라진다는 사실을 지적한 것이다. 결국 인간은 생물학적 욕구의 존재 내지 사회적 관계의 총체로밖에 이해되지 못한다. 인간과 세상을 함께 포괄하는 더 큰 것이 없으면, 인간에게는 자기의 욕구와 세상 혹은 사회와의 관계만이 절대적으로 될 것이다. 그러면 인간의 자유는 설 자리를 잃게 된다. 그 자유가 있어서 섬김, 보살핌, 사랑 등이 소중하게 보였다. 그것이 없다면 인간은 천재적 동물로 전락하고, 절대적 정의를 위한 갈구도 없어지고 말 것이다.

68 *Die fröhliche Wissenschaft*, 정동호, 『니체 연구』, 탐구당(1983), 88쪽에서 인용.

결국 신의 죽음은 인간의 죽음을 초래한다.

의미의 공백과 방향의 상실은 사람들로 하여금 실존적 방황을 하게 한다. 무신론보다 그것에서 파생하는 허무주의가 현 시대의 특징이다. 니체가 100년 전에 신의 죽음을 선포한 후 행복하게 보이는 무신론자를 볼 수 없다. 신의 부재(不在)는 세속화된 문화권이 지닌 상처로 보인다. 무신론자들은 그리스도교가 무너질 것을 기다리며 기뻐했지만, 그것이 무너짐과 동시에 사람이 무너짐을 볼 수 있다. 신을 쫓아낸 자리에 앉힐 수 있는 인간 중심주의의 새 질서는 나타나지 않고 있다. 이런 상황에서 모든 실재의 근본과 목적으로서 신에 대한 언어는 인간에게 유리하고 또한 시급한 것이다.

16, 17세기에 코페르니쿠스와 갈릴레이가 시작한 천체운동의 발견은 대지와 인간을 우주의 중심에서 추방했다. 그러면서 인간은 표류하기 시작했다. 인간은 자기를 중심으로 우주를 보면서 많은 것을 찢어놓았다. 자연 훼손, 은혜로움을 잊어버린 인간, 각자의 마음과 느낌을 위주로 한 개인주의적 혹은 이기주의적 행동, 그리고 전체적으로 빠져들어 가는 의미의 공백(空白)이다. 의미의 공백이 아시아 문화권에서 일으키는 부작용이 크지 않은 것은 그리스도교와 같은 신(神) 중심의 문화가 없었기 때문이다.

나오면서

이런 상황에서 신에 대한 우리의 언어는 어떠해야 하는가? 신에 대한 믿음이나 계시되었다는 하느님에 대한 언어를 당연한 것으로 전제하고 말하지 말아야 한다. 상명하달(上命下達)식의 언어는 오늘날 용납되지 않는다. 그런 식으로 말하는 사람은 하느님과 자기 자신을 어느 정도 혼동하기에 이른다. 그런 언어는 그것이 발생한 문화적 배경을 무시하고, 이미 발생한 언어에 대한 해석적 비판을 거치지 않은 것이다. 따라서 그런 언어는 시대착오적인 것이기에 현대인에게 독선적이고 혐오스러운 것으로 보인다.

하나의 해답을 올바로 이해하려면, 그 해답을 이끌어내도록 제기된 질문을 이해해야 한다. 문제를 제기한다는 것은 실재에 대한 어떤 선이해(先理解)가 있다는 말이다. 만일 신에 대해 들은 바가 전혀 없는 사람이라면, 신에 대해 말하려 들지 않을 것이다. 신의 존재를 증명하는 이론은 신을 믿고 있는 사람에게만 흥미가 있을 것이다. 따라서 신에 대해 말하려면, 우리는 신에 대한 언어 전통에 대해 먼저 생각해 보아야 하고, 그 전통의 영향을 받을 수밖에 없다.

한국의 종교 전통이 전하는 언어에서는 기복(祈福)과 소원 성취(所願成就)의 대상인 신이 지배적이다. 불교(佛教)는 한국인의 신관(神觀)에 보탠 것이 별로 없는 것으로 보인다. 불교는 민속신앙(民俗信仰)을 흡수했다. 유교(儒教)는 기득권자를 옹호하는 신 개념을 지녔다. 이런 전통을 배경으로 현대 한국의 종교들은 기업화되어가고 있다. 그들은 권위주의적이고, 보수주의적이며, 교조주의적(教條主義的)이다. 한국에서는 기복과 소원 성취를 부각시키는 종교 언어가 경제적으로 성공한다.

인류 역사에 신에 대한 언어 전통이 있다는 것은 인간이 지속적으로 신에 대해 질문했다는 것을 의미한다. 인간이 신에 대해 문제 제기를 지속했다면, 신이라는 문제는 인간과 함께 주어진 것이다. 현대에 와서 정치가 종교와 무관하고, 교육이 무신론적이지만, 일부 무신론적 저술들은 계속해서 신에 대한 문제의식을 일깨우고 있다. 신에 대한 문제가 제기되지 않게 하려면, 인류 역사 안에 신이 해답이 되었던, 모든 문제를 없애야만 한다. 그러나 그것은 불가능하다. 현재에 이르기까지, 무신론적 전체주의 체제에서도 신의 문제는 종식되지 않았다. 그와 반대로 현재 각 분야에서 신의 문제는 다시 제기되고 있다. 이는 하비 콕스가 그의 저서에서 지적한 바다.[69] 또한 남미(南美) 해방신학의 비중, 국제 무대에서 교황과 바티칸의 영향력, 구(舊)공산권에서 종교의 부활 등을 예로 들 수 있다.

신학은 교회 안에 전승된 신에 대한 언어에서 출발하여, 이성(理性) 앞에 그것을 정당화하고, 인간이 제기하는 문제들 앞에서 그 언어들을 더 깊이 이해하려 한다. 신학은 '이해를 추구하는 신앙'이 하는 노력이다. 신앙인도 비신앙인과 마찬가지로 신의 부재(不在)를 체험한다. 신이 계시지 않음을 체험하면서 신에게 기도하는 사람이 신앙인이다. 중요한 것은 남의 무신론이 아니라 각자 자기 안에 있는 무신론이다.

신학은 학문적으로 이해를 추구한다. 신이 제기하는 문제는 근본적이고 초월적이다. 각 개인에게 제기된 문제가 아니다. 그러나 신학은 신에 대해 합리적 이해를 찾고자 하는 학문도 아니다. 신은 우리 사고의 대상으로 객체화시킬 수 없다. 무엇을 하나 인식한다는 것은 포괄자(包括者) 안에서 주체와 객체의 분열이 있어야만 한다.[70] 교육자와 피교육자, 혹은 교육기관을 인식하기 위해서는

69 『현대사회로 돌아온 종교』(1984).

70 칼 야스퍼스Karl Jaspers, 이상철 외 옮김, 『철학적 사유의 작은 학교』, 서광사(1989), 43쪽.

교육이라는 포괄자, 곧 포괄적 장(場)을 이해해야 가능하다. 모든 이해는 포괄자라는 하나의 초월적 장을 필요로 한다. 그러나 신은 모든 것을 포괄하는 실재(實在)이기에 신보다 더 크게 포괄하는 장이란 없다. 따라서 신에 대한 인식은 항상 간접적이고, 매개된 인식일 수밖에 없다. 신에 대해서 다 알아들었다고 주장하는 신학이 있으면, 그 신학은 신을 해치고, 그분에게서 신성(神性)을 박탈하여, 하나의 우상(偶像)으로 전락시키는 시도에 불과할 것이다. 신을 포함하여 모든 것을 합리적으로 이해하려는 신학이 있으면, 그것은 하나의 미신(迷信)으로 전락한 것이다.

신은 다른 신학적 문제들과 같은 의미로 문제가 되지 않는다. 신은 인간의 원리나 이론으로써 해결할 수 있는 하나의 문제가 아니다. 신은 인간에게 영원한 문제 자체다. 그래서 우리는 신을 신비(神秘)라고 말한다. 신학은 문제의 해결을 주목적으로 하지 않는다. 신학은 우리의 모든 인식과 우리가 제기하는 모든 문제를 하느님의 신비로 가지고 들어와서 논한다. 신학의 목적은 인간의 사색으로 하느님에 대한 믿음을 없애 버리는 데 있지 않고, 하느님의 신비를 신비로서 이해하는 데 있다. 하느님의 신비를 인간의 신비에 대한 해답으로 이해하면서 신학은 그 할 바를 다하는 것이다. 그것은 인간과 이 세상 실재의 신비를 이해하기 위해 투쟁하는 것이고, 현대 무신론이 인간과 실재에 대해 제공하는 해석에 대해 토론하면서 실현되는 것이다. 그 투쟁이 이론적일 수만은 없다. 신을 위한 투쟁은 동시에 인간을 위한 투쟁이다. 그것은 대단히 실천적인 것이다. 그 투쟁은 인간이 살아가는 사회적 차원을 포함한 인간 삶의 모든 차원에서 이루어진다.

모든 실재의 기원과 목적이며, 모든 실재를 포괄하고 규정하는 실재로서 신에 대한 언어는 인간이 위격체로서 만나는 모든 문제에 대한 대답으로서만 가능하다. 신은 모든 문제들 중 가장 큰 문제라는 관점에서만 이해된다. 모든 존재를 대상으로 하는 학문을 철학(哲學)이라 한다. 신에 대한 언어는 존재에 대한 형이상학적 물음을 전제한다. 하느님에 대한 언어를 대상으로 하는 신학은 존재에 대한 물음인 철학을 옹호한다.

> "그리스도인은 자기의 믿음 때문에 철학을 하는 사람이다."[71]

이 말은 아리스토텔레스의 형이상학과 같은 어떤 특정의 철학적 사고를 선택하여 철학한다는 뜻이 아니다. 이

---

71 Hans Urs von Balthasar, *Herrlichkeit*, t. III, p.974.

말은 인간이 사는 지평선의 한계를 보여주고, 모든 사물이 지닌 의미의 문제를 중요시하며, 인간의 자기 이해를 위해 봉사하는 철학을 말한다. 존재하는 모든 것에 대한 인간의 자기 해방과 개방만이 인간을 자유롭게 만들어 주고, 인간의 자유와 존엄성을 보장해 주기 때문이다.

하느님에 대한 언어가 이 세상의 모든 분야를 초월한다면, 하느님의 초월성은 인간 위격의 초월성을 가능하게 해준다. 그리고 그 초월성이 있어, 우리는 인간의 자유와 존엄성을 긍정할 수 있다. 하느님이 인간을 무(無)로부터 창조했다는 창세기의 말은 인간이 백지(白紙)로 창조되었다는 뜻이 아니라, 인간에게는 하느님의 말씀이 담겨 있다는 뜻이다. 여기에 우리는 인간의 자유와 존엄성의 기반을 본다. 인간을 중심으로 한, 새로운 자연 질서를 찾고 있는 현대 세계는 하느님에 대한 새로운 인식으로 인간을 더 깊이 이해할 것이고 인간을 위한 새로운 지평을 만날 것이다.

참고 도서

그리스도론

- E. Schillebeeckx, *Jesus: An Experiment in Christology*, Crossroad, New York, 1981.
- E. Schillebeeckx, *Christ: The Experience of Jesus as Lord*, Crossroad, New York, 1981.
- W. 카스퍼, 박상래 옮김, 『예수 그리스도』, 분도출판사, 1977.
- C. 뻬로, 박상래 옮김, 『예수와 역사』, 가톨릭출판사, 1984.
- A. 푀글레, 박상래 옮김, 『역사의 예수와 믿음의 그리스도』, 분도출판사, 1985.
- J. 몰트만, 김균진, 김영용 공역, 『예수 그리스도의 길, 메시아적 차원의 그리스도론』, 대한기독교서회, 1990.
- 하비 콕스, 오강남 옮김, 『예수 하버드에 오다』, 문예출판사, 2004.
- 앨버트 놀런, 유정원 옮김, 『오늘의 예수』, 분도출판사, 2011.

신론

- H. Küng, *Existiert Gott?*, R.Piper & Co.Verlag, München, 1978.
- W. Kasper, *Der Gott Jesu Christi*, Mathias Grünewald Verlag, Mainz, 1982.
- E. Jüngel, *Gott als Geheimnis der Welt*, J.C.B.Mohr, Tübingen, 1977.
- A. Ganoczy, *Dieu, grâce pour le monde*, Desclée, Paris, 1986.
- Ch. Duquoc, *Dieu différent*, Cerf, Paris, 1978.
- H. Bourgeois, *Dieu selon les chrétiens*, le Centurion, Paris, 1974.
- J. 몰트만, 김균진 옮김, 『십자가에 달리신 하느님』, 한국신학연구소, 1992.
- John A.T. Robinson, *Honest to God*, SCM Press, London, 1963. 현영학 옮김, 『신에게 솔직히』, 대한기독교서회, 1968.

해석학

- H. G. Gadamer, *Wahrheit und Methode: Grundzüge einer philosophischen Hermeneutik*, J.C.B.Mohr, Tübingen, 1986, 영어판 *Truth and method*, Crossroad, New York, 1982.
- Cl. Geffré, *Le Christianisme au risque de l'interprétation*, Cerf, Paris, 1983
- 김영한, 『하이데거에서 리꾀르까지-현대 철학적 해석학과 신학적 해석학』, 박영사, 1987.

기타

- 하비 콕스, 이종윤 옮김, 『현대사회로 돌아온 종교』, 한국신학연구소, 1985.
- Gilles Lipovetsky, *L'ère du vide*, Gallimard, Paris, 1983.
- H. Küng, *Une théologie pour le 3e Millénaire*, Seuil, Paris, 1989
- Richard Dawkins, The God Delusion, 이한음 옮김, 『만들어진 신』, 김영사, 2007.
- "Babel ou Pentecôte? Pluralité des théologies et responsabilité commune.", in *Concilium* n.191, 1984.
- 이찬수, 『인간은 신의 암호 - 칼 라너의 신학과 다원적 종교의 세계』, 분도출판사, 1999.
- 김산춘, 『감각과 초월, 발타살의 신학적 미학』, 분도출판사, 2003.
- 엠마누엘 레비나스, 강영안 옮김, 『시간과 타자』, 문예출판사, 1996.
- John Hick, "The Non-Absoluteness of Christianity", in John Hick and Paul Knitter, *The Myth of Christian Uniqueness*, New York, Orbis Books, 1987.
- P.Gisel, "Vérité et tradition historique", in *Initiation à la pratique de la théologie,* t.1, Cerf, Paris, 1987.